A DESCOBERTA DO MUNDO INTERIOR

Dados Internacionais de Catalogação na Publicação (CIP)
(Câmara Brasileira do Livro, SP, Brasil)

Riedel, Ingrid
A descoberta do mundo interior / Ingrid Riedel ; tradução de Milton Camargo Mota. – Petrópolis, RJ : Vozes, 2025.

Título original: Vom Entdecken der inneren Welt

1ª reimpressão, 2025.

ISBN 978-85-326-7277-3

1. Autoconsciência 2. Psicanálise 3. Sentidos e sensações 4. Sonhos I. Título.

25-282005 CDD-150.195

Índices para catálogo sistemático:
1. Psicanálise 150.195

Cibele Maria Dias – Bibliotecária – CRB-8/9427

Ingrid Riedel

A DESCOBERTA DO MUNDO INTERIOR

Tradução de Milton Camargo Mota

EDITORA VOZES
Petrópolis

Tradução do original em alemão intitulado *Vom Entdecken der inneren Welt. Horizonte der Tiefenpsychologie heute.*

Direitos de publicação em língua portuguesa:
2025, Editora Vozes Ltda.
Rua Frei Luís, 100
25689-900 Petrópolis, RJ
www.vozes.com.br
Brasil

Diagramação: Guilherme Ayres
Revisão gráfica: Bianca V. Guedes
Capa: Ygor Moretti

ISBN 978-85-326-7277-3 (Brasil)
ISBN 978-3-8436-1372-9 (Alemanha)

Este livro foi composto e impresso pela Editora Vozes Ltda.

Sumário

Introdução

Quanto mais rápido é o ritmo da vida exterior e quanto mais se exige que lidemos bem com o mundo exterior, tanto mais importante pode se tornar para nós o impulso de uma descoberta e exploração do mundo interior – afinal, aqui se trata também do nosso mundo interior totalmente pessoal, do mundo de cada um de nós como indivíduo. Quanto mais aprendermos a conhecer e entender o mundo interior, mais poderemos nos diferenciar do mundo exterior, mais poderemos encontrar o caminho que leva a nós mesmos e a uma ação autodeterminada.

Este livro convida a uma viagem de exploração do mundo interior, por vias que foram especialmente descobertas, desvendadas e tornadas acessíveis no campo da psicologia profunda.

A "psicologia profunda" inclui hoje todas as abordagens psicológicas que partem de uma dimensão profunda da psique humana, que transcende a consciência diurna, uma dimensão que pode ser experimentada nos sonhos da noite, mas não apenas neles, um âmbito que é chamado de "inconsciente". O "mundo interior" pode se revelar cada vez mais para uma consciência que se abre para essa dimensão da psique.

O início deste livro traz uma coletânea de sonhos que mostram como as cenas oníricas sonhadas durante a pandemia de covid-19 refletem as ameaças e os medos correspondentes em pessoas bastante diferentes. Ou seja, elas se tornam visíveis em seus mundos interiores. Da percepção de uma ameaça profunda até a descoberta de recursos internos inesperados, a mensagem desses sonhos alcança nossa consciência, da qual também se podem extrair impulsos de ação para o mundo exterior.

Por mais que a experiência psíquica no sonho noturno e no sonho diurno, intimamente relacionado a ele, tenha sido intensamente pesquisada pela psicologia profunda, a experiência física, a sensação corporal básica, sobre a qual toda percepção de um "interior" e de um "exterior" para o ser humano se baseia, não havia sido suficientemente reconhecida até pouco tempo atrás. A percepção corporal é o mundo interior mais originário, que nos é transmitido pelos sentidos: pela visão e audição, pelo olfato e paladar, mas principalmente pelo tato e pelo toque. Mesmo durante o sonho, estamos conectados aos nossos órgãos dos sentidos em todas as percepções. Ali nos encontramos com nós mesmos e com o outro ser humano, nós nos tocamos – ou nos empenhamos em evitar isso durante a crise da covid-19 –, ouvimos algo, sentimos o cheiro e o sabor de algo, tornamos tudo isso nossa experiência interna do mundo.

O segundo capítulo é dedicado a essa relação elementar entre "sentidos e sentido" – ou seja, ao modo como o mundo interior do sentido se constrói a partir de nossas experiências sensoriais com o mundo exterior. Em seguida, há uma reflexão sobre como principalmente as emoções, nos quais as sensações se tornam conscientes, constituem uma base viva, uma base "sentida" do nosso mundo interior. Por isso, no terceiro capítulo, faço referência enfática ao significado das emoções para o mundo interior da pessoa, como descritos por C.G. Jung e, dentro dessa linha da psicologia profunda, por exemplo, por Verena Kast. Nos últimos anos, contudo, surgiram descobertas surpreendentes na pesquisa sobre emoções com forte orientação empírica, na neurociência afetiva. A psicologia profunda só tem a ganhar com um diálogo emergente com a neurociência afetiva, já que sua própria compreensão fundamental da emocionalidade humana como base de sua personalidade é confirmada e apoiada a partir dessa direção.

Mas como, de fato, a realidade interna e a externa interagem, de modo que os impulsos adquiridos no mundo interno também possam ser transferidos para o mundo exterior? Sempre se percebeu com especial perplexidade a simultaneidade dos eventos da realidade interna e externa, como a coincidência temporal entre um falecimento inesperado e um sonho no qual a pessoa falecida aparece. Fala-se então de "sincronicidade". As questões que surgem com tal ocorrência simultânea de realidade psíquica e física, especialmente entre pessoas próximas, são mais detalhadamente tratadas no quarto capítulo, a respeito de "sincronicidade", no qual também há um olhar sobre as concepções da física quântica acerca de um possível inter-relacionamento desse tipo, das quais C.G. Jung já havia se ocupado em suas conversas com o físico Wolfgang Pauli.

O vasto horizonte, também de caráter filosófico, que se abre na interação entre o mundo interno e o externo, leva a questões fundamentais sobre uma nova psicologia da religião, para as quais C.G. Jung se sente desafiado por sua voz interior, fato que ele documenta em sua "crônica" autobiográfica, o *Livro Vermelho*, no qual também registra suas imagens internas de forma pictórica. A partir disso, são desenvolvidos os princípios de uma nova psicologia da religião, uma psicologia da experiência interior, que faz parte dos fundamentos de um mundo interno.

Em resumo, a descoberta do mundo interior também levanta a questão de uma responsabilidade consciente pelo mundo exterior, pelo mundo social e político comum. Surge a questão por uma ética que nasça do contato com o mundo interior e que se mostre digna dessa origem. Assim, ao tema de uma nova psicologia da religião se junta também a questão de uma nova ética sob o horizonte da psicologia profunda[1].

Por fim, eu gostaria de delinear minha própria posição no espaço aberto da psicologia de C.G. Jung, que naturalmente

1. Para uma introdução à psicologia profunda de Jung, cf. Kast (2019).

abrange um círculo temático mais amplo do que aquele que pude apresentar aqui; e, ao fazê-lo, meu acesso pessoal se torna reconhecível e distinguível, de modo que cada pessoa que deseje começar a exploração do mundo interior possa encontrar um caminho próprio, que levará a empolgantes descobertas.

Eu mesma acabei me deparando com acessos novos, que apresento neste livro e os quais busco conectar uns aos outros. Eles se abriram para mim nos últimos anos por meio da troca científica e pessoal com colegas e também dos convites para novos temas de palestras em conferências e das discussões subsequentes a partir de diferentes perspectivas.

Desse modo, os horizontes da psicologia profunda se ampliaram também para mim na exploração conjunta do mundo interior do ser humano: para hoje e para amanhã.

1
Sonhos sobre acontecimentos atuais

Reflexos no inconsciente

As mensagens dos sonhos

Os sonhos são um acesso ao mundo interior para todos nós. Nos sonhos, experimentamos de forma direta que existe um mundo interior[2].

Quando os sonhos são narrados, o que não acontece apenas dentro de uma sessão de psicoterapia, ficamos sabendo que, além do que significam para cada indivíduo, eles também podem conter uma mensagem para muitas pessoas, sim, para todos os nossos contemporâneos, que também são nossos companheiros de destino: Por exemplo, podemos perceber

2. Cf. Kast (2010), Jung (OC 12, §§ 44-331; 4, §§ 64-94; 16/1, §§ 294-352; 8/2, §§ 443-529; 8/2, §§ 530-569; 18/1, §§ 416-607) e Riedel (2019b).

isso também nos sonhos sobre acontecimentos atuais que nos inquietam, que nos abalam – por exemplo, desde o início de 2020, a pandemia de coronavírus, da que até hoje só conseguimos ter um entendimento limitado, tanto em suas causas quanto em seus efeitos. Por isso, é tão difícil lidar corretamente com essa crise. Nos sonhos de nossos contemporâneos, ressoam temas, imagens do inconsciente e também de um "inconsciente coletivo", com o qual Jung contava – ressoam temas e símbolos que podem nos ajudar a entender as causas e conexões mais profundas, a compreender o que elas fazem conosco, e assim torná-las acessíveis para que sejam esclarecidas e dominadas. Por exemplo, no sonho de um psicoterapeuta de 62 anos:

> Uma inconfundível voz no sonho o exorta a falar com uma daquelas multidões difusas que protestam contra diversas regulamentações de proteção contra o coronavírus. O povo está reunido à sua frente numa grande praça e faz um barulho estrondoso.
>
> O sonhador não estava nem um pouco preparado para tal missão, sente-se completamente sobrecarregado e, inicialmente, perde a fala. Mas a voz do sonho não cede, ela o exorta de maneira implacável, inevitável, a falar para aquela multidão.
>
> Quando se recompôs um pouco, ocorre-lhe um pensamento inesperado: ele deve fazer algo completamente despretensioso, algo totalmente desassociado de qualquer ideologia. E assim ele tem a ideia de convidar a multidão, primeiramente, para uma espécie de "relaxamento esportivo". As pessoas ficam surpre-

sas, um pouco entretidas, e justamente por isso, uma a uma, aceitam o convite.

Ele os guia num exercício de respiração, de modo que cada um procure, para começar, um ponto de apoio nesse espaço – aqui estou eu –, sentindo novamente os próprios pés, esticando os próprios braços para ganhar distância, abertura para o movimento livre, e, por fim, levantando os braços para respirar profundamente, inspirando e expirando de modo igualmente profundo, com todo o corpo, até que os pés voltem a ser sentidos e, com eles, o chão, sobre o qual cada um agora está mais firmemente apoiado.

O colega sonha com a necessidade de dar tal orientação e com realmente conseguir fazer isso. Ele tentou transmitir o seguinte à multidão difusa à sua frente: um exercício para recuperar o fôlego, para respirar e se acalmar novamente, para se reencontrar. Voltar a ficar sobre os próprios pés, e com isso se tornar capaz de refletir tranquilamente, não apenas andar atrás dos outros. E também aconteceu o seguinte nesse sonho: da multidão difusa voltaram a surgir indivíduos, não importando se inicialmente reagiram mais aos acontecimentos em torno da covid-19 com pânico, ou com leviandade obstinada ou sob a influência de uma ideologia.

Como a pandemia em Berna, por exemplo, que apresentou taxas de infecção bastante altas em determinados momentos, afetou psicologicamente os indivíduos, e quais foram as suas consequências? Gostaria de trazer alguns exemplos da série de sonhos de uma habitante de Berna. Com quase 70 anos, ela já faz parte do grupo de risco dos mais velhos, e profissionalmente era professora. Esses sonhos ainda vêm do início da pandemia, quando a inquietação causada pelo desconhecido era especialmente alta.

> Em seu primeiro sonho sobre esse tema – ainda no começo da pandemia, na primavera de 2020 – ela subitamente se encontra sozinha numa solidão gelada. É uma paisagem como se fosse na Islândia. O medo repentino de ficar completamente isolada durante essa crise em que as pessoas precisam se proteger umas das outras parece estar por trás desse sonho.

No segundo sonho, a própria Morte como pessoa entra no seu quarto. Ela a descreve assim:

> Eu sei imediatamente, aquele ser alto e magro é a morte. Mas ela sorri com compaixão, até com compreensão, e diz algo como: "Você não está tendo uma vida fácil", mas depois acrescenta bem claramente: "Vou deixar você por mais um tempo". Em vez disso, ela vai até o idoso de rosto branco, que escorregou para fora da cama. Suspeito que ela vai levá-lo.

Neste sonho, a morte aparece, ou seja, o medo da morte, que naquela primeira fase da pandemia estava mais diretamente presente para muitas pessoas do que mais tarde, porque ninguém estava preparado para um perigo tão imediato e possivelmente fatal, e ainda não se conhecia nenhuma vacinação preventiva. Mas aqui, ao mesmo tempo, existe uma suspeita reconfortante de que a morte desta vez não está pensando nela, não a levará ainda, mas provavelmente outro idoso, que vive perto dela no quarto. Mas na realidade ela mora sozinha.

O próximo sonho mostra uma tentativa de libertação dessa mulher, que também dispõe de recursos internos, imagens do inconsciente coletivo, que agora, diante do medo, se tornam despertos e benéficos:

> "Eu subo uma escada alta, que se estende além das nuvens, saindo da névoa". E assim ela consegue superar o medo da morte ativamente, ao sair da névoa que pode conter o vírus, subindo para o ar limpo.

Depois do sonho, ela se lembra da imagem bíblica em que Jacó sonha com a escada na qual os anjos sobem e descem, e em que o sonhador finalmente recebe uma bênção protetora.

O sonho da mulher é um sonho reconfortante, e também um sonho ativo, que, com uma imagem da tradição religiosa que ela carrega dentro de si, transmite proteção e consolo, mas também o impulso de subir a ponto de sair da névoa por si mesma.

O próximo sonho desta mulher trata da hesitação em torno da obrigatoriedade do uso de máscaras – por um lado, a compreensão da sua necessidade, por outro, a resistência contra ela e também o desejo, às vezes a obsessão, de muitas pessoas de voltar a festejar custe o que custar.

> Isso ganha uma forma plástica, consciente pelo sonho da mulher com uma cidade cheia de pessoas animadas, que estão usando máscaras e bloqueando o caminho. É como numa terça-feira gorda com

> muitos excessos. Isso mesmo, as pessoas com máscaras lembram-na de uma festa à fantasia.

A ambivalência em relação ao uso de máscaras é expressa aqui. Ela vê a máscara tanto como proteção quanto como disfarce. É mais difícil reconhecer a verdadeira expressão de uma pessoa quando ela está usando uma máscara.

Após os relatos sobre o aumento do número de infecções no Ticino na primavera de 2020, esta mulher, que gostava de passar férias lá, sonha:

> "Eu subo um muro e vejo: há ali uma grande cruz branca; e isso num jardim cheio de girassóis, cujas corolas estão fortemente inclinadas para baixo".
>
> Ela quer olhar com atenção, não quer desviar o olhar e, por isso, sobe a escada que leva à muralha da cidade, onde seu olhar recai sobre a grande cruz branca, que naturalmente também lembra a morte e o cemitério. Mas ela também vê as pujantes flores do verão, todas as quais, contudo, agora abaixam a corola, possivelmente já murchando. A princípio, ela até pensou, como acrescenta, que isso poderia ser uma decoração floral artificial, disposta ali apenas para fornecer um visual mais bonito, mas depois percebe que são flores vivas.
>
> Ela fica profundamente comovida com essa visão e com esses acontecimentos na bela paisagem de Ticino.

No entanto, essas flores não podem ser salvas por uma resignação antecipada, mas precisam de um cuidado atencioso, precisam ser regadas – também por meio da atenção interna dessa mulher para elas, uma atenção para o que essas flores seriam em seu mundo interior: algo vivo em crescimento. Isso fica claro quando se reflete sobre o sonho.

> Debaixo de uma árvore, essa mulher vê no próximo sonho – agora já é outono – uma quantidade enorme de ameixas e damascos maduros caídos no chão. Pessoas passam por ali e se servem das frutas, enquanto ela mesma primeiramente se protege de uma possível contaminação:
>
> "Mas eu primeiro vou buscar minhas luvas, para não me contaminar com o coronavírus ao tocar nas frutas que já foram tocadas por outras pessoas. Quando finalmente volto com as luvas e posso pegar as frutas, as pessoas já se foram – e nos cestos por perto restam apenas algumas ameixas pálidas e parcialmente esmagadas. Fico desapontada e, ao mesmo tempo, irritada com a ganância das pessoas, que pegam tudo sem moderação quando há algo para pegar, mas também me irrito com minha timidez e talvez com o excesso de cautela que agora se torna evidente para mim".

Ela talvez também sinta nesse sonho que ela se retrai com muita facilidade e que poderia ser mais corajosa. Pois, apesar da pandemia do coronavírus, esse outono também trouxe frutos, simbolizados pelas ameixas, que precisam ser recolhidas, apanhadas. Ela começa a se perguntar o que talvez também tenha crescido e amadurecido em sua vida neste ano sob sua árvore da vida, e o que, por excesso de cautela, ela teria deixado apenas para os outros e permitido que fosse retirado dela.

> No próximo sonho, ela se vê dentro de uma igreja, no centro da qual uma cantora está de pé, vestida de branco, prestes a começar a cantar, mas não há ouvintes, nenhum público presente. A sonhadora mal pode acreditar e olha ao redor novamente: "Em um nicho lateral, de repente vejo três ou quatro crianças vestidas de preto, como se estivessem de luto. Elas olham para a pequena janela ao fundo. Eu mesma, neste sonho, sou apenas uma espectadora quase invisível, atrás de uma coluna".

Diante deste sonho, ela percebe a intensidade com que tem permanecido apenas como espectadora, por mais que isso a incomode. Após o sonho ela reflete que talvez devesse se mover, se mostrar ou até mesmo cantar junto. Talvez ela até venha a pensar que, numa compreensão "no nível do sujeito" (ou seja, certos elementos do sonho indicam partes de nossa própria alma), ela mesma está simbolizada nessa cantora solitária, assim como nessas crianças de luto. A música, o canto, como uma forma de expressão de emoções, especialmente o canto conjunto, justamente em concertos religiosos ou até no culto, é uma falta amarga em sua realidade de vida nesse momento.

> No sonho seguinte, ela, juntamente com outra mulher, é perseguida por uma figura sombria numa cidade deserta, uma figura cujos passos possuem algo de robótico, um som monótono de batidas. É justamente por isso que ela, mesmo distante, parece sinistra e ameaçadora. A sonhadora relata: "Nós duas fugimos em pânico desses sons de batidas na direção oposta, mas mesmo assim eles continuam audíveis".

É como se o medo do vírus, de uma possível infecção de covid-19, nos perseguisse automaticamente por toda parte. Diante desse sonho, a mulher sentiu com bastante clareza que esse medo a impede de agir com autonomia no dia a dia.

Com essa experiência – que ela também compartilha com uma acompanhante – e com esse comportamento, ela é, contudo, um exemplo de muitos de nossos contemporâneos. Em todo caso, isso é comprovado por pesquisas entre as pessoas, por estatísticas dos centros de atendimento e das clínicas, especialmente no que diz respeito àqueles indivíduos que antes já eram vulneráveis a ter medos e ansiedade. A propensão ao pânico aumentou.

Os sonhos dessa mulher podem ser significativos para todos nós, pois nos mostram de forma bastante característica o que a pandemia do coronavírus, em seu lado apenas parcialmente consciente, fez com muitos dos nossos contemporâneos, qual é a disposição de ânimo coletiva que se espalhou, como medos latentes foram despertados.

As reações do inconsciente à pandemia do coronavírus, como se manifestam nos sonhos dessa habitante de Berna, podem ser consideradas típicas de muitos entre nós. E acredito que entendemos, de maneira bastante espontânea, o que esses sonhos abordam e revelam – em sua linguagem simbólica do mundo psíquico, com exemplos concretos que podem ser facilmente transferidos para vários níveis.

Em todo caso, entendemos isso no nível consciente e podemos perceber como o inconsciente, onde também estão armazenadas lembranças culturais, direciona impulsos curativos para dentro desses sonhos. É o que se nota, por exemplo, onde a sonhadora começa a subir pela escada de Jacó, saindo da névoa em direção ao ar mais claro do céu mais puro. Ali ela se torna ativa e confia também em conexões mais profundas.

O último sonho dessa mulher de Berna que eu gostaria de relatar – haveria outros dela – mostra, com seu final, que o medo de ter sido infectada é, antes de tudo, um modo da fantasia de medo que circula entre nós. A sonhadora descreve:

> "Eu quero comprar um vaso para flores num supermercado. Fico primeiro numa espécie de antessala, diante de uma barreira. Uma das vendedoras se volta para mim, pois sou a única cliente naquele momento. Isso me confunde e, por um momento, eu não sei mais o que queria comprar. E ela então se vira para longe de mim.
>
> Quando meu olhar passa pela seção de jardinagem, lembro que queria comprar um vaso para finalmente poder plantar algo verde.
>
> Mas agora já se formou uma longa fila, e as duas vendedoras não me notam, pois eu me afastei. Quando tento abrir passagem novamente e preciso atravessar o espaço apertado próximo ao caixa, sou tomada de repente por um medo intenso de ainda me infectar com o vírus.
>
> Mas, quando estou do lado de fora, sonho que estou na rua, mas vou acordando de repente e me dou conta de que aquilo era apenas um sonho, ou seja, eu

> não estava na loja e não podia, de fato, me infectar. Realmente aliviada nesse momento, sigo em frente, totalmente desperta e agora percebo por mim mesma que provavelmente construí um medo excessivo de contágio e que isso me impediu de agir com autonomia. E eu realmente gostaria de um novo vaso para flores, e adoraria poder plantar nele algo novo e verde". Ela realmente gostaria de injetar nova esperança na vida.

Este é um sonho cheio de impulsos. A transição fluida de um sonho noturno para um sonho diurno também é digna de nota. Voltarei a isso mais adiante.

A série de sonhos abre o olhar para o que a pandemia do coronavírus faz emocionalmente conosco; ela tem, por assim dizer, também do ponto de vista psicossocial, um caráter diagnóstico e contém impulsos questionadores, mas, sobretudo, revela o medo e o possível bloqueio da vida causado pelo vírus.

Aqui, em todo caso, o medo é reconhecido e admitido, tornando-se assim acessível, enquanto, desde os primeiros meses da pandemia, havia entre nós os persistentes negacionistas do coronavírus – que existem até hoje –, que consideram tudo isso apenas uma variante da gripe e, consequentemente, veem as medidas de proteção como um alarmismo do Estado para, finalmente, restringir muitas das liberdades democráticas. No entanto, o sonho de um desses negacionistas mostrou-lhe como, justamente por negar os fatos, ele se torna prisioneiro desses vírus, cujas legiões, camufladas, o cercam e devem ser repelidas por ele no sonho. No inconsciente, elas aparecem e o atormentam – afinal, ele já ouviu falar muito sobre elas. Quem as nega não pode fazer absolutamente nada contra elas e tampouco desenvolve uma postura própria em relação a elas, nem uma possibilidade real de ação contra elas.

Mas também existe o tipo de sonho que, ao contrário, utiliza a função "transcendente", a função formadora de símbolos desse medo, para apresentar aspectos esclarecedores, ordenadores e até mesmo terapêuticos a partir do inconsciente coletivo, sobrepessoal.

Um sonho desse tipo, de uma terapeuta já de idade avançada, é o seguinte. Ela relata:

> Estou sob grande pressão de tempo, pois preciso ir rapidamente a uma equipe de crise para algumas decisões urgentes relacionadas à pandemia do coronavírus. A equipe de crise se reúne num local à direita do grande edifício antigo da igreja em nossa cidade. Mas eu mesma estava na rua à esquerda da igreja, mas deveria atravessar para o lado direito, onde a equipe de crise se reúne, e penso que levaria cerca de quinze minutos para contornar o grande edifício e chegar ao ponto de encontro dessa equipe. De repente, me ocorre a ideia de que eu poderia atravessar por dentro da igreja, em vez de perder tempo contornando-a, e em cerca de cinco minutos estaria do outro lado, junto à equipe de crise. Então entro pela porta lateral à esquerda. No espaço da igreja sou envolvida por completa escuridão. É um espaço muito alto, tenho dificuldade em me orientar, procuro o corredor entre os bancos, demoro a encontrar

o eixo central do edifício, guiando-me apenas pelo tato, pelas velas nos altares laterais, até finalmente encontrar a saída principal, onde a luz do dia penetra pelas frestas. Só então percebo uma figura, talvez o sacristão, que, sem ser notado e aparentemente me conduzindo em silêncio, atravessou o escuro comigo. Ele me cumprimenta respeitosa e amigavelmente na saída principal, abre a porta para o exterior e diz: "Agora você encontrou a orientação, e assim posso lhe entregar as chaves de todo o edifício". E, para minha surpresa, ele deposita em minha mão um grande molho de chaves, entre as quais há também chaves de ferro muito grandes e antigas. Estou na saída principal, que pode ser também a entrada, onde outras pessoas agora me cumprimentam cordialmente. Só agora volto a pensar na equipe de crise e apalpo pela primeira vez o molho de chaves.

O que aconteceu neste sonho? O que a sonhadora diz sobre ele? Eu lhe pergunto. "Encontrei orientação nesse grande espaço escuro", ela responde, "o eixo central, ou seja, a saída principal, que ao mesmo tempo é a entrada principal". E acrescenta que uma rápida travessia do edifício, apenas para que ela chegasse mais rapidamente à equipe de crise, de repente se revelou impossível. "Em vez disso, mergulhei numa escuridão profunda. Será que a escuridão, será que esse espaço sagrado poderia ser uma imagem do inconsciente, talvez até mesmo do inconsciente coletivo, com o qual devo me entregar para encontrar orientação na crise desta pandemia?" Assim se pergunta essa colega diante do seu próprio sonho, ela que conhece bem o acesso profundo à psicologia dos sonhos. E ela continua a refletir sobre o que esse espaço escuro poderia significar para ela: um espaço de reflexão, pois ela às vezes entra em uma igreja, até mesmo depois de fazer compras, para se reconectar consigo mesma e encontrar orientação para o que está por vir. Isso lhe dá mais elementos do que simplesmente retornar apressadamente à equipe de crise do coronavírus, e também a ajuda a levar uma nova orientação para lá durante a pandemia.

Esses foram exemplos de como pessoas comuns – mesmo fora de qualquer terapia – sonharam durante esse período. Esses sonhos constituíram acesso para o nosso mundo interior, que contém não apenas nossos medos mais profundos e intensificados, mas também nossas esperanças mais profundas. Quando comparados entre si, eles refletem estados de ânimo característicos, bem como uma nova postura fundamental, que não pode ser anunciada e esperada sem humildade diante do inconsciente. Em última instância, isso inclui uma atitude de posição firme, com uma boa distância das outras pessoas, com oportunidade para respirar; e trata-se, por fim, de revisitar o espaço da reflexão, mesmo sob pressão do tempo e em estado de alarme – não para encurtar caminhos, mas com vistas a uma orientação mais profunda no mundo interior.

É impressionante observar como os sonhos podem oferecer impulsos úteis para lidar com a crise, ajudando tanto ao próprio sonhador quanto aos outros, impulsos vindos do espaço psíquico profundo de onde os sonhos emergem e que chamamos de "inconsciente", ou até mesmo o "inconsciente coletivo". Pois ali estão armazenadas experiências de vida e de sobrevivência de muitas gerações. Sob situações de pressão, essas experiências emergem nos sonhos individuais, para que, após um processo de observação e reflexão, possam finalmente se tornar conscientes. Os sonhos mostram como os eventos podem nos marcar profundamente, mesmo que muitas vezes não queiramos perceber isso. No entanto, os sonhos também podem, de uma profundidade maior do que nosso estado consciente diário alcançaria, indicar possíveis aspectos de salvação. Do ponto de vista junguiano, os sonhos não abordam apenas problemas individuais ou temas da história pessoal, mas em casos especiais também podem abordar questões que afetam muitos, ou até mesmo todos, e contêm mensagens para o coletivo dos seres humanos.

Sobre o trabalho de lidar com os sonhos

Para muitos de nós, a descoberta do mundo interior começa com a percepção dos sonhos, que acontecem no sono sem nossa cooperação consciente e sem a participação do estado consciente diurno. No entanto, enquanto ocorrem no sono, nós os experimentamos como uma realidade vívida. Só ao despertar, nós os reconhecemos como sonhos.

Reconhecer os sonhos e levá-los a sério como expressão de um lado oculto de nossa pessoa, como uma manifestação do "inconsciente", como o chamam, é uma das realizações pioneiras da incipiente psicanálise, já desde Sigmund Freud, e também é uma peça central e foco de pesquisa na psicologia analítica como desenvolvida por C.G. Jung. No entanto, a compreensão e a interpretação dos sonhos variam de acordo com a teoria e a prática de cada método terapêutico, o que, como se sabe, levou à separação entre os pais fundadores. Resumidamente, para Freud tratava-se sobretudo da revelação do que era reprimido, especialmente do âmbito da pulsão sexual, que estaria oculto nos sonhos, enquanto Jung se interessou, acima de tudo, pelos potenciais de desenvolvimento ocultos nos sonhos, que se nutrem tanto do inconsciente pessoal do sonhador quanto do inconsciente coletivo – da experiência de vida de toda a humanidade, assim como dos contos de fadas, mitos e tradições religiosas, cujos temas e símbolos arquetípicos podem aparecer subitamente no sonho de uma pessoa de nossos dias. Assim, a interpretação dos sonhos na psicologia profunda de Jung torna-se uma verdadeira jornada de descoberta no mundo interior do ser humano. Jung designa como "arquetípicas" forças do inconsciente que "intervêm no processo de formação dos conteúdos conscientes, regulando-os, modificando-os e motivando-os" (OC 8/2, § 404). Assim, "os arquétipos, na experiência prática" são "*imagens e, ao mesmo tempo, emoções*" (ênfase do próprio Jung, OC 18/1, §589), que se manifestam em toda parte onde a imaginação é ativada – como nos sonhos noturnos – e nos permitem integrar emoções numa dinâmica estrutural específica.

Os "sonhos relacionados ao evento da época" acima descritos, sonhados por diferentes pessoas e que inicialmente não se originaram de contextos terapêuticos, apontam para outra dimensão: mostram como o estado de ânimo mais profundo de uma geração inteira se torna reconhecível na harmonia de muitas vozes individuais e se deixa ler nessas vozes. A partir dos sonhos, os eventos de uma época também podem ser iluminados psicologicamente, o que pode contribuir para um trabalho significativo e esclarecedor sobre ele.

O enfrentamento da pandemia de covid-19 revela para cada indivíduo o grau e a coloração emocional de sua predisposição básica ao medo, bem como sua capacidade de lidar com o medo emergente, que chega ao nível do medo da morte. O medo do contágio, juntamente com o sinal de que devemos nos proteger uns dos outros, pode se transformar em medo de isolamento radical, sobretudo, por certo, para pessoas da geração mais velha que vivem sozinhas. Essa emoção generalizada de medo do isolamento pode levar tanto à negação quanto à projeção da responsabilidade por ela sobre supostos culpados – pessoas culpadas no sistema de saúde ou na política, cujas medidas para proteger a maioria são vistas como equivocadas em sua totalidade. Esses medos podem se exacerbar em teorias da conspiração, nas quais os responsáveis são retratados como envolvidos em tramas obscuras, desencadeando novas ondas de medo, inclusive por meio de manifestações violentas, que acabam por dividir a sociedade, particularmente em relação à convicção de como lidar sensatamente com o medo.

Essa imagem de um perigo coletivo, provocado por medos conscientes e inconscientes, mostrou-se na pequena coleção de sonhos de pessoas bastante diferentes que eu apresentei – como um espelho interno do início da pandemia de covid-19, quando ainda não existiam vacinas. A escala de emoções e também das emoções opostas que emergiram nesse período revelou-se como a base dos sonhos.

O medo provoca na psique a necessidade de uma contraemoção. Primeiramente, o desejo de coragem, de tomar consciência desses medos e enfrentá-los com algo. Mas o que e como?

No primeiro dos sonhos descritos, o sonhador, o psicoterapeuta experiente, mas acostumado a trabalhar apenas com indivíduos, sente uma urgente exortação de sua voz onírica interior para dizer algo que oriente a multidão perturbada diante dele. Após uma grande perplexidade inicial, o que ele pode contrapor à excitação dessas pessoas? É simplesmente o impulso, sem nenhum traço ideológico, de voltar a respirar – um retorno ao corpo, que precisa de descanso e também o encontra quando focamos nele. Emocionalmente, isso significa um retorno a si mesmo, ao equilíbrio interior, à confiança na força interior; é um impulso de esperança.

Nos sonhos da mulher de Berna, além da expressão de medo, também aparecem alguns contraimpulsos, outras emoções. As flores em Ticino revelam-se verdadeiras, não são simulacros, como ela inicialmente pensava, e, apesar de seus medos de contágio que a limitam, ela finalmente compra o novo vaso para flores. Ela conta com a possibilidade de que algo floresça novamente em sua vida. O impulso de esperança é mais claramente sentido quando ela não apenas encontra coragem, mas também força para subir numa espécie de "escada celestial", como uma "escada de Jacó", saindo do ar pesado da pandemia e alcançando o ar puro. Aqui, ela é auxiliada por um tema da tradição bíblica, que inconscientemente também ainda permanece vivo nela.

No sonho da terapeuta sobre o espaço alto e escuro, poderíamos estimular um diálogo interno da sonhadora, talvez em conversa com o sacristão ou com os colegas do comitê de crise que a espera e no qual ela desenvolve e expressa de forma mais concreta o que lhe deu orientação naquele espaço escuro. Pois, evidentemente, esse espaço sonhado também é um espaço dentro dela mesma.

Do mesmo modo como ocorreu nesses sonhos sob a pressão da crise da covid-19, eu também pude perceber sinais importantes do inconsciente para cada grande desafio coletivo das últimas décadas: imagens dos medos específicos emergentes, até o ponto do pânico, apropriadas a um diagnóstico correspondente. Mas, finalmente, quando persisti na observação e imaginação contínua dos sonhos – algo que quero incentivar adiante – também sempre encontrei neles impulsos para clarear a situação e obter um possível acesso terapêutico.

Excurso: Imaginação e sonho diurno

Um novo e notável conhecimento sobre o entendimento fundamental dos sonhos, devaneios e imaginação veio – nos últimos anos – do campo da neurociência afetiva, de sua rigorosa pesquisa empírica sobre a emocionalidade humana. Esse conhecimento merece ser aproveitado de maneira ainda mais minuciosa no âmbito da psicologia profunda, como já acontece em estudos notáveis, por exemplo, na obra de Verena Kast, *Träumend imaginieren. Einblicke in die Traumwerkstatt* (*Imaginar sonhando. Um olhar na oficina dos sonhos*) (Kast, 2019). Nessa obra, ela faz referência às pesquisas da neurociência afetiva sobre o sonhar como divagações do pensamento, descritas em (Kieran; Koroma, 2018, p. 1-15; além disso em Kieran et al., 2018, p. 1-27). As pesquisas neurocientíficas evidenciaram que os sonhos noturnos e os sonhos diurnos são muito mais aparentados entre si do que se supunha anteriormente, de modo que temas de sonhos noturnos podem determinar também os sonhos diurnos do dia seguinte, como também podem continuar a repercutir no fluxo de pensamentos durante o dia. Essa compreensão tem implicações para o trabalho prático sobre os sonhos, até mesmo na terapia, como Verena Kast explica:

> Antigamente se tentava interpretar os sonhos em todos os detalhes. Hoje, prestamos mais atenção aos estados de ânimo do sonho e observamos as associações. Trabalhamos de maneira mais intensamente imaginativa. Portanto, há quase um jogo com as imagens do sonho: com o que elas se conectam, que ideias elas geram? Isso inclui também atividades como desenhar e outros métodos criativos. Quando eu pinto um sonho, percebo as emoções que estão relacionadas a ele. Ao dar forma a essas emoções, não estou mais simplesmente à mercê delas, posso transformá-las (Kast, 2016, p. 163).

Sabe-se que nem todas as pessoas conseguem se lembrar de seus sonhos noturnos. Conheço, por exemplo, indivíduos cheios de imaginação que, no entanto, não conseguem recordar seus sonhos. Ainda assim, eles conhecem o sonho diurno. Essas pessoas também podem se abrir ao inconsciente e explorá-lo ao dar atenção aos seus sonhos diurnos. Durante longas caminhadas, passeios na natureza ou mesmo enquanto realizam tarefas práticas monótonas em casa, no jardim ou no escritório, os pensamentos vagueiam em nós espontaneamente. Imaginamos situações desejadas ou temidas e as pintamos em nossa mente. Também podemos conduzir diálogos internos, por exemplo, com pessoas com quem estamos em conflito no momento, juntamente com suas possíveis reações. Às vezes, ouvimos todo o diálogo internamente, antecipando-o em nossa imaginação, com gestos e expressões faciais das pessoas com quem queremos debater, e vivenciamos a conversa desenvolvida dessa maneira, muitas vezes em diferentes versões possíveis. Esses diálogos internos já contribuíram, de fato, para a resolução de conflitos reais. Em todo caso, esses diálogos internos revelam o que mais nos preocupa no momento.

Na psicoterapia da orientação junguiana, quando falamos desses "sonhos diurnos", estamos nos referindo à faculdade da "imaginação". A imaginação, no entanto, assume desde o início uma posição central na psicoterapia de C.G. Jung. Nesse sentido, ela pode ser vinculada aos novos resultados da neurociência afetivas, sendo até mesmo confirmada por eles. De fato, é evidente que a consideração e observação dos sonhos diurnos – assim como as mais familiares consideração e observação dos sonhos noturnos – conduzem ao centro de nosso interesse e da nossa constituição psíquica. Também é claro que podemos explorá-los de maneira semelhante, utilizando o mesmo método com o qual desvendamos os sonhos noturnos.

Na prática terapêutica de base junguiana, o método da "imaginação ativa"[3] se tornou quase mais importante do que o sonhar diurno. Ela parte de um impulso consciente, por vezes até mesmo de um tema simbólico consciente para imaginar, mas depois, sonhando diurnamente como num cenário interior, se entrega às figuras e aos processos que emergem e, por assim dizer, os "encena" do começo ao fim. A imaginação ativa também pode começar com figuras e símbolos de um sonho noturno, explorando-os ainda mais profundamente, como em um processo de retroalimentação. É exatamente por isso que são liberadas energias consteladas do inconsciente, de modo que elas se simbolizam em cenas e imagens, mudam nesse processo e, por fim, podem convidar e contribuir para uma confrontação consciente com elas. As próprias pesquisas de C.G. Jung são e permanecem fundamentais e determinantes para o método da interpretação dos sonhos na direção junguiana da psicologia profunda.

---

3. O método da imaginação ativa de C.G. Jung é apresentado de maneira abrangente em Dorst e Vogel (2014).

2
Dos sentidos ao sentido

Experiência corporal como mundo interior

A relação e interação entre o mundo interior e o mundo exterior permanecem um tema relevante quando observamos os sonhos, mas se aproximam ainda mais imediatamente do corpo quando perguntamos pela relação entre percepção psicológica e percepção fisiológica, isto é, a percepção da realidade por meio dos nossos cinco sentidos, algo que tentaremos fazer a seguir.

"No início da consciência está o sentimento existencial de ter um corpo. Só ele sente onde começa e onde termina, podendo então vivenciar-se como uma unidade psíquica, um organismo delimitado em relação ao mundo ao redor", afirma Nicole Althaus (2016, p. 18). A vida física na Terra pressupõe, para todos os seres vivos, uma capacidade de contato com a realidade externa dos outros, e, consequentemente, uma percepção da realidade interna do próprio corpo.

Isso começa já na ameba, que reage ao esbarrar num fragmento de vidro, embora não tenha sistema nervoso, mas apresenta sensores em sua membrana celular que registram que aqui há um interior e um exterior. Portanto, a percepção de ter um interior em oposição a um exterior se deve à percepção sensorial.

Isso justamente não significa que a consciência e o pensamento a ela ligado têm precedência sobre a percepção da realidade e o conhecimento de sermos uma essência própria; não significa, portanto, um "Penso, logo existo", mas antes um: "Sinto, logo existo". É para isso que aponta Martin Grunwald, diretor do único e singular centro de pesquisa em háptica associado à Universidade de Leipzig, cujo estudo *Homo hapticus. Warum wir ohne Tastsinn nicht leben können*, (*Homo hapticus. Por que não podemos viver sem o sentido do tato.*) (Grunwald, 2017) foi premiado como "Livro Científico do Ano 2017".

É certo que os sonhos representam a área da psicologia profunda em que a exploração do mundo interior produziu os mais ricos conhecimentos; mas também é certo que o outro campo do mundo interior, na verdade mais fundamental, permaneceu por muito tempo em segundo plano para a pesquisa: o campo das sensações que se devem aos cinco sentidos – se quisermos nos ater a esse número, que remonta a Aristóteles: audição, visão, olfato, paladar e tato, que é a função háptica mencionada anteriormente.

C.G. Jung denomina de "função sensação" nossa capacidade de perceber o mundo externo por meio dos sentidos e, assim, transformá-lo em nosso mundo interno e fazer que ele "seja verdadeiro" como nosso mundo interno.

A função central dos cinco sentidos na descoberta do mundo interior, para a qual nos voltaremos agora, se baseia na sua ligação com os órgãos corporais de percepção, e isso em toda a sua diferenciação fisiológica: o ouvido para audição, incluindo toda comunicação verbal[4], os olhos como órgãos de percepção ótica, talvez o mais diferenciado dos órgãos sensoriais humanos, o nariz para o olfato, a língua e o palato para o paladar, e finalmente para o tato a pele, a qual é um sensor em toda a fronteira do corpo, para o exterior e o interior. São esses órgãos de exploração e percepção da realidade externa que a introduzem em nosso interior, tornando-a nossa, tornando-a nosso mundo interno. Todos estão ligados ao nosso corpo, fundidos com nosso corpo, que, em seu conjunto, é o órgão altamente diferenciado com o qual percebemos o mundo, com o qual, portanto, fazemos o mundo ser real para nossa experiência.

Mesmo que outros seres vivos – ou até mesmo outros acessos da ciência – possam perceber aspectos diferentes da

---

4. Para a audição, a visão, o olfato, o paladar e tato, cf., respectivamente, Imhalsy *et al.* (2016, p. 74, p. 71, p. 72, p. 73, p. 75).

realidade, o que percebo dela com meus cinco sentidos é o que forma o meu mundo interior.

Os sentidos e a questão do sentido

A questão do sentido não surge quando estamos completamente em sintonia com nossos sentidos, com nossa experiência corporal. Não surge quando estamos saboreando algo delicioso, ou imersos em altas ondas de prazer ou quando nos abraçamos afetuosamente.

A questão do sentido é também uma questão de insuficiência. Eu a levanto quando pretendo dizer: Não quero mais viver neste estado. Quando a questão do sentido surge, ela não pode ser ignorada. Quando ela surge, é de vital importância. Ela significa: Você precisa mudar sua vida, começando por sua constituição física, até que viver faça sentido novamente, ou melhor dizendo: até que *tenha* sentido novamente. Se existe um sentido predeterminado para a vida ou se é o sentido que eu lhe dou, essa é uma questão para filósofos e teólogos: pelo menos, Viktor E. Frankl (Frankl, 2019, 2017), com sua logoterapia, que também pertence às abordagens psicoterapêuticas da psicologia profunda, colocou a questão do sentido no centro de sua psicologia e sua psicoterapia. C.G. Jung também se refere à neurose como "um sofrimento de uma alma que não encontrou o seu sentido" (OC 11, § 497).

Mas, mesmo que o sentido da vida fosse predeterminado, e mesmo que eu próprio o tivesse encontrado: ainda assim minha vivência desse sentido seria facilmente irritável no momento em que eu não me sentisse bem fisicamente, no momento em que, por exemplo, meu senso de equilíbrio fosse perturbado, no momento em que me sentisse tonto. Ou se minha visão estivesse ameaçada, minha audição; se meu olfato e meu paladar desaparecessem e simplesmente nada mais tivesse sabor. Se eu me sentisse fisicamente incapaz de me mover e minhas articulações doessem a cada movimento; então surgiria a pergunta: quanto mais posso viver assim? Por que viver assim?

A pobreza de experiência causada por um estilo de vida alienado dos sentidos, um estilo de trabalho num mundo profissional afastado da experiência sensorial concreta e tornado abstrato, que se espalha não apenas no mundo técnico, mas também em nossas escolas, hospitais e consultórios médicos, pode fazer irromper a questão do sentido, porque um sentimento de vazio interior e exterior começa a prevalecer. Por exemplo, Manfred Osten escreve (s.d., p. 5):

> À sombra do intelecto arrogante, órgãos de conhecimento complementares, importantes são manifestamente negligenciados [...] como o desenvolvimento de competências musicais e sociais, para não falar da inteligência emocional e da razão dos sentidos. Além disso, a desapropriação dos sentidos é acompanhada por um aumento acelerado do conhecimento abstrato, desprovido de experiência,

ao qual, com frequência, falta e escapa a aplicação do saber técnico necessário. Um dos exemplos mais terríveis dessa técnica abstrata, cujo manejo excede a competência humana, apareceu no desastre nuclear de Chernobyl.

Evidentemente, na questão da experiência de sentido constatamos que nós, seres humanos, sempre buscamos algo mais além do que vivenciamos atualmente com nossos sentidos: o que vai além da mera experiência sensorial, ou seja, se ela faz sentido, o que ela significa para nós, se também tem um sentido para além de nós mesmos. Aqui, fazer sentido e ter sentido não são a mesma coisa.

Em todo caso, entre a experiência sensorial e a vivência do sentido parece haver uma conexão direta: por exemplo, vemos o mar e o jogo das luzes sobre ele, algo imaterial, que entretanto nos toca, como se ali se tratasse de algo mais: luz e água, céu e mar se tocam ali, radiação imaterial da luz se refrata na água e cria um brilho, um cintilar, acende uma luz que é como uma metáfora de algo maior. Do quê?

Essa questão surge de uma experiência, de uma percepção de nosso sentido da visão. Uma "luz irrompe" para nós. De resto, experiências sensoriais são frequentemente incorporadas à linguagem, como quando dizemos que algo "nos tocou", "nos capturou", "não nos deixa mais".

Ou tomemos o céu noturno, sob cujo mar de estrelas nós nos percebemos: nossos olhos percebem raios de luz que chegam até nós através de infinitos períodos de tempo, e pressentimos um pertencimento a um todo infinitamente maior do que somos nós mesmos, em nossa existência neste corpo. Eu percebo o cosmos, logo existo – e, talvez, isso me chame a atestar este cosmos, a valorizar sua beleza e seu sentido. Somente por meio do ser percebida e da percepção surge a realidade – isso poderia ter sido dito por um dos primeiros sensualistas, mas também corresponde a um sentimento de vida e a um argumento sobre sentido de nossa época. Talvez os seres humanos sejam os únicos capazes de perceber essa radiação cósmica que chega até ele pela luz das estrelas – assim, talvez sejamos aqueles em quem o cosmos se reflete.

Experiência inicial: a segurança dada pelos sentidos

O caminho mais precoce dos sentidos para o sentido me parece ser o da mãe para o bebê (Althaus, 2016, p. 20; 25s.), dos pais e irmãos para a criança pequena, que experimenta seu si-mesmo corporal e gradualmente se descobre como uma pessoa própria – por ser tocada por suas primeiras pessoas de referência e ao tocar e apalpar essas pessoas próximas. Assim, ela se reconhece aos poucos, sendo carregada, balançada e acariciada como uma pessoa própria – ou seja, por meio de experiências do sentido do tato. Além disso, ocorrem as primeiras experiências fundamentais de vínculo e pertencimento. Carícias, por exemplo, liberam hormônios do apego (Althaus, 2016, p. 20)[5]. Além disso, como se tem pesquisado hoje, as conexões neurais no cérebro só se constroem por meio do toque e da ativação do sentido do tato e das experiências associadas a ele. Se isso pode ser chamado de uma primeira experiência de sentido é algo controverso, uma

---

5. O toque ou massagem desencadeia a liberação de ocitocina, o que leva ao desenvolvimento de confiança e vínculo, e em crianças pequenas, à aceleração do crescimento. Ao mesmo tempo, o hormônio do estresse cortisol é inibido.

controvérsia que ocorreria apenas se realmente a experiência de sentido fosse definida mediante uma reflexão consciente, psicológica ou filosófica.

Penso que no nível elementar a experiência de sentido não é nada mais do que o pertencimento indiscutível às pessoas de referência que nos tocam de maneira reconfortante e também permitem ser tocadas por nós com carinho, um acontecimento de contato, um dar e receber, no qual a segurança se instala.

Às experiências do sentido do tato se somam desde o início as experiências gustativas e olfativas. A nutrição no peito da mãe, aplacando uma necessidade primordial de todo pequeno ser humano, é acompanhada, além da benéfica saciedade da fome, pelo saborear o alimento, o leite, pelo cheiro e pelo gosto junto ao contato da mãe. O cheiro de uma pessoa também cria e fortalece o vínculo. É principalmente por meio do odor que os animais estabelecem vínculos com seus congêneres e com os seres humanos. Também há mães jovens que nunca usam perfume, para que seu cheiro seja sempre inconfundível para a pequena criança.

No mito de Deméter e Perséfone, na sua arquetipicidade mãe-e-filha, como contado por Homero, fala-se repetidamente sobre o "peito perfumado" de Deméter[6], o que me surpreendeu na primeira leitura, mas agora me parece uma expressão incomumente adequada. Os sentidos do paladar e do olfato, que estão diretamente conectados pelo nariz aos

6. Cf. Riedel (2003, p. 22); o texto do hino é citado de acordo com Weiher (1986, p. 22).

centros emocionais do cérebro, orientam, portanto, nossa percepção do que gostamos, do que nos agrada, do que nos é simpático e, com isso, também do conhecimento sobre o pertencimento à mãe, ao pai e a outras figuras de referência próximas. Os cheiros, o aroma do leite materno, depois de toda comida que apreciamos e que nos faz salivar, assim como o cheiro da morada a que pertencemos, tudo isso transmite a percepção de um bem-estar indiscutível, de pertencimento e de estar em casa, de uma experiência de sentido no nível elementar.

Ainda não mencionei as percepções sensoriais do ver e ouvir, que são discutidas com muito mais frequência neste contexto. O que significa para uma criança ser vista, especialmente ser percebida no sentido correto? Isso também inclui dizer-lhe como ela está bonita com tal cabelo, com tal roupa, e especialmente como ela se move com agilidade e como tem brincadeiras interessantes!

É frequente que, no início de uma terapia, os adultos comentem, por exemplo, que a maior falta de sua infância, a qual os determina até agora, foi não terem sido vistos, não terem sido percebidos, por exemplo, por uma mãe que estava quase sempre sob efeito de medicamentos ou até de drogas, que olhava para o filho com olhos vidrados, passando o olhar por ele ou olhando através dele, como se ele não estivesse ali. Por outro lado, desde Kohut, o "brilho no olhar da mãe" (Kohut, 1973, p. 141; cf. tb. Kohut, 1977, p. 55ss.; Riedel, 2003, p. 9-35), a irradiação da mãe quando vê seu filho, foram considerados uma experiência-chave para a criança, na qual ela se sente vista, conhecida, aceita e amada. Essa experiência-chave é a indubitável experiência de sentido da criança pequena: de que ela tem o direito de viver, que é bom existir – para a mãe e para si mesma.

Se essa vivência faltou amplamente, ou quase totalmente, para uma criança, falamos hoje de um distúrbio precoce (cf. Manfred, 2014) que isso lhe causou, mais precisamente um distúrbio no reflexo por parte da mãe, um distúrbio que leva a uma perturbação no desenvolvimento de um sentimento de autoestima saudável e de um comportamento saudável em matéria de contato. Uma criança assim carece de confiança no outro e em si mesma. Ela é insegura em sua experiência fundamental de que a vida que lhe quer bem, de que ela tem valor e significado para suas figuras de referência; e isto também a torna insegura quanto ao seu valor próprio e lhe torna difícil gostar de si mesma. Uma criança assim logo fará a pergunta sobre o sentido da vida, que, como já mencionado, vem da carência, da insuficiência, uma pergunta que dificilmente será feita por uma criança que se sente confirmada pelos pais e segura, protegida em seu entorno. Por outro lado, mesmo que a confirmação na primeira infância não tenha ocorrido, cada encontro amoroso tem a capacidade de recriar essa confirmação: "Se me vês, eu me torno bonita" – assim escreve Gabriela Mistral em seu poema "Vergonha" sobre a possibilidade de tal encontro entre pessoas adultas (Mistral, 1991, p. 31).

Gostaria agora de indagar sob quais circunstâncias a questão do sentido realmente se coloca. Ela não surge sempre apenas quando algo em nossa vida, em nossos relacionamentos e no trato conosco mesmos se tornou profundamente questionável? Quando perdemos a segurança e a satisfação proporcionadas pelos sentidos, o pertencimento aos outros e a harmonia conosco mesmos?

No entanto, como uma criança que teve uma boa experiência de contato com os pais e irmãos se sairia também ao estabelecer novas relações, como ao entrar num novo grupo ou turma? Pois ela realmente já espera que todos fiquem felizes em conhecê-la, espera que agora também faça parte da turma. Na maioria das vezes, essa criança, por sua autoconfiança e segurança de si, será capaz de ser aceita no novo grupo e encontrar ali confirmação. E mesmo que ela não seja bem acolhida de uma vez, ela de modo nenhum perderá logo toda sua autoconfiança, mas certamente tentará primeiro ter uma melhor compreensão da situação para modificá-la a seu favor. Assim, o sentido, na acepção de pertencimento, poderá ser novamente vivido.

Como é menos preparada uma criança com uma perturbação precoce para uma situação crítica dessas! Em todo caso, uma criança com uma perturbação precoce precisa de novas experiências, experiências opostas, que lhe atestem que ela é vista, o que é possível, por exemplo, num grupo de terapia, mas com certeza não apenas aí.

E como fica a questão do ouvir, de ser ouvido, da experiência do quinto sentido? (Imhsaly & Bräm, 2016, p. 74). Já no ventre materno, antes de podermos ver a mãe, devemos, como bebê em formação, ter ouvido a voz da mãe e nos familiarizado com ela, como apontam observações mais recentes, embora, evidentemente, também possamos ao mesmo tempo ouvir outros sons do mundo, que tanto nos podem agradar como nos perturbar, ainda no útero materno. A mãe, por sua vez, ouve seu filho pela primeira vez com seu primeiro choro – ainda que desde muito já conheça seus movimentos –, caso não tenha sido capaz de ouvir antes o som de seus batimentos cardíacos com um aparelho especializado. Mais tarde, ao chorar, o bebê também manifesta suas necessidades e, por outro lado, ouve o murmúrio, o zumbido e o canto tranquilizadores da mãe ou do pai, e isso é capaz de acalmar o choro. A isso se acrescentam a amamentação, com seu cheiro e sabor, a alimentação com a mamadeira ou o ato de chupar o dedo da mãe ou do pai: todas essas são experiências sensoriais que acalmam, até que a criança se sinta novamente satisfeita e não precise mais aumentar o choro aflitivo – especialmente quando é pega no colo, ficando assim intimamente ligada ao pai ou à mãe, sentindo novamente seu calor, cheiro e amor. Nesse momento, ela vivencia o oposto do abandono. Tudo fica bem novamente.

O abandono, por outro lado, provoca grito e choro. Crianças negligenciadas por muito tempo gritam cronicamente ou, ao contrário, também se emudecem resignadas. O abandono também leva adultos a gritar e lançar a pergunta sobre o sentido da vida aos seus interlocutores, seus semelhantes, até mesmo à sociedade e à política, sim, até mesmo a Deus. Isso é sempre melhor do que se calar resignadamente.

Quando nos sentimos abandonados, incompreendidos, não ouvidos, então lançamos a pergunta sobre o sentido, pensando em nossa fracassada tentativa de fazer que os outros ouvissem; e, quando não nos sentimos ouvidos de maneira geral, começamos aos poucos a levantar a questão do sentido, pensando em nossa vida como um todo.

Crianças que não se sentiram ouvidas, por exemplo, nem em seus primeiros fonemas, antes da fala propriamente dita, nos gestos e expressões faciais, apresentam justamente o quadro e as características de um "distúrbio precoce". Elas se sentem, quase sempre, fundamentalmente incompreendidas e, devido à falta de espelhamento e de correspondência com suas primeiras pessoas de referência, geralmente não aprenderam a se expressar de maneira adequada, o que lhes torna ainda mais escassa a chance de serem ouvidas. No encontro com essas crianças que sofreram um "distúrbio precoce", o mais importante é escutar muito bem, até mesmo nas entrelinhas, entre as frases, tentando detectar as nuances. Para as pessoas que tiveram esse tipo de infância, é de especial importância aprender gradualmente a se expressar, nunca cessar de tentar "se fazer entender", apesar da fácil tendência à resignação de que não serão compreendidas. Muitas vezes, essas pessoas também não conseguem mais se fazer entender.

Lembro-me de uma mulher com formação acadêmica que, durante a terapia comigo, se afundava num silêncio obstinado e recusava qualquer explicação adicional quando surgiam temas nos quais ela temia não ser compreendida devido a experiências prévias. Como mãe de uma criança pequena antes da aquisição da linguagem, eu deveria, por assim dizer, descobrir de maneira não verbal o que ela queria dizer, o que ela queria expressar, o que havia vivenciado, e também o que estava ocultando com o silêncio. Esse calar-se tinha um pronunciado caráter de desafio e atuava como uma agressão passiva. Por óbvio, tal agressão não pode ser resolvida por meio de contra-agressão, nem com uma dose de silêncio de minha parte, mas apenas pelo esforço de tentar tornar o seu próprio comportamento compreensível para ela, remetendo esse comportamento à experiência originária em que ela não era ouvida, que havia desencadeado uma resignação em relação à sua própria capacidade de se expressar.

A relevância terapêutica da percepção sensorial

Quando a experiência sensorial é pervertida por traumatizações, como pode ocorrer em casos de agressões sexuais, de estupro, de uso de violência em geral ou até mesmo tortura, a qualidade de vida é gravemente afetada e a vivência emocional, geralmente bloqueada – e assim a experiência de sentido em relação à vida pessoal, mas também em relação à vida em geral, torna-se quase impossível.

Como frequentemente relatado por vítimas de violência, uma das possibilidades humanas de sobreviver a tais agressões, basicamente insuportáveis, é inicialmente tentar sair, por assim dizer, do próprio corpo no momento do uso da violência e do grau intolerável de sofrimento e vergonha, dissociando-se assim das sensações corporais e das emoções e sentimentos que os acompanham, buscando se distanciar o máximo possível. Somente desligada de suas emoções, a pessoa pode sobreviver em tais situações, mas apenas como metade de uma pessoa. Mas a pesquisa sobre traumas (cf. Levine, 2011), realizada na última década, demonstrou que tais dissociações devem ser inicialmente compreendidas como estratégias de salvação da vida.

O sofrimento gerado por essa separação das próprias emoções pode levar uma pessoa – muitas vezes, somente anos depois – à terapia, que tem a tarefa de localizar as emoções dissociadas e reconectá-las à pessoa inteira, o que geralmente é vivenciado como um processo difícil, pois isso é quase impossível sem que novamente se toque nas experiências traumáticas e no sofrimento associado a elas.

Neste caso, é necessário acima de tudo começar pelo despertar das percepções sensoriais, para que a pessoa, antes de mais nada, reaprenda a se sentir e, assim, pouco a pouco, retorne a si mesma: trata-se, por exemplo, de voltar a aprender a tocar, seja inicialmente mexendo com uma pedra, moldando um pedaço de argila, e mais tarde, talvez, acariciando um gato ou tocando suavemente o próprio rosto com as próprias mãos.

Alfred Drees (1996) já havia apontado anos atrás que, no caso das vítimas de tortura, seria necessário reabrir-lhes o acesso gradual aos seus sentidos, por exemplo, por meio da experiência de cores, música, bem como de sabores e cheiros intensos.

A disposição para mais tarde desenvolver uma psicose ou esquizofrenia, que pode surgir numa criança devido a problemas com a percepção do esquema corporal, poderia ser prevenida no adulto por meio do trabalho com a percepção corporal, do desenvolvimento de uma imagem corporal.

O trato com pacientes com demência e Alzheimer em casas de repouso mostra quanto o despertar dos sentidos, como o olfato, está relacionado com o redespertar elementar da vitalidade (cf. Donzé & Pfister, 2016, p. 55-68): pessoas idosas, acamadas, que havia meses não conseguiam emitir nenhuma expressão verbal, do nada começaram a emitir sons, até mesmo a falar, quando um pequeno fogão elétrico foi trazido para bem perto de suas camas, e cebolas e alhos foram aquecidos numa frigideira. O cheiro atingiu e despertou diretamente seu centro emocional, e sons de alegria, palavras de memórias antigas de cozinhar e comer, de pratos preparados por eles mesmos, começaram a surgir, e até houve troca de palavras com os vizinhos a esse respeito.

Assim como o olfato pode ainda alcançar de novo os centros emocionais do cérebro em pacientes com demência, também é possível, por meio da audição e do sentido do equilíbrio, com seu senso para o ser balançado e embalado, acessar as regiões do cérebro responsáveis, por exemplo, pelos distúrbios do sono. C.G. Jung relata um caso de sua prática inicial (Hinshaw & Fischli, 1986, p. 290s.), de uma jovem com sérios problemas de sono, que foi encaminhada a ele pelo seu médico de família, que estava perdido diante da dificuldade desse distúrbio. Todos os medicamentos e métodos de tratamento usuais haviam falhado. Jung, ao perceber a tensão da paciente, de repente se lembra de uma canção de ninar que sua mãe costumava cantar para sua irmã mais nova. Essa cantiga fazia menção a um barco que balançava nas ondas. Ele sente novamente o movimento de balanço e embalo do barco, que também ajudaria sua paciente a relaxar, e ouve interiormente a antiga melodia. Então começa a cantarolar e, finalmente, a canta por inteiro. No meio do tratamento terapêutico, ele começa a cantar, e sua paciente o ouve encantada, sentindo-se embalada, até que seus olhos se fecham. Também à noite, antes de dormir, ela se lembra da canção de ninar, juntamente com seu terapeuta cantando – e a sensação de segurança que essa situação transmitia a faz adormecer. Em pouco tempo, ela se vê livre de seus distúrbios do sono e, com a imaginação de Jung cantando e da canção de ninar da mãe de Jung, ela também consegue em casa voltar a dormir em sua própria cama. A imaginação do canto e do embalo seguro no barco nas ondas fez que a paciente de Jung também fosse "embalada". Sua própria mãe, que lhe cantava e a embalava na infância, retorna à memória da paciente, e essa lembrança a ajudou a voltar a dormir bem.

Jung, portanto, cantou uma canção de ninar para curar distúrbios do sono, sendo nisto simplesmente natural, mas fora do convencional. Não podemos todos cantar durante a terapia, embora saibamos – e nisto se baseia a especialidade terapêutica da musicoterapia (cf. Hinshaw & Fischli, 1986, p. 87-90) – que cantar e fazer música podem ser instrumentos terapêuticos poderosos. Justamente com a música, é possível evocar memórias vividas sensorialmente. Por exemplo, foi uma grande alegria para mim e lançou nova luz sobre certos aspectos da minha história de vida quando fui convidada para um programa de rádio e tive de nomear minhas músicas favoritas de determinados momentos e fases da minha vida, que depois foram tocadas no programa, enquanto me perguntavam o que essas músicas haviam despertado em mim e o que significavam para mim naquela época. Todas as coisas emocional e sensorialmente importantes daqueles tempos vieram à tona. Algo semelhante poderia ser despertado nos pacientes, se lhes perguntássemos na anamnese sobre suas músicas favoritas, com as quais poderiam desdobrar sua história de vida.

Quando Verena Kast recomenda que, além da anamnese da doença e da história do sofrimento, também se inclua uma anamnese das alegrias que ocorreram numa vida, uma biografia de nossos recursos, por assim dizer, então surgem em tal "biografia da alegria" (Kast, 2013, p. 55ss.) memórias de muitas experiências sensoriais: para mim, por exemplo, o sabor de pêssegos brancos, cujo suco, depois de uma simples mordida quando eu era menina, frequentemente escorria pelo meu rosto, até chegar nas orelhas – uma memória de puro prazer. Isso também faz ressurgir imediatamente o jardim da minha infância.

Devo apenas fazer com que meus pacientes se lembrem do murmúrio e do cheiro do mar, para que muitos deles já comecem a evocar sua própria imaginação, incluindo recordações de descobertas maravilhosas na praia, como um pedaço de âmbar. Ou um cheiro faz lembrar uma velha e querida boneca ou até mesmo uma caixinha misteriosa, com fecho, onde se encontram segredos guardados por muito tempo. Da mesma maneira, no monumental romance *Em Busca do Tempo Perdido* (Proust, 2021), o cheiro e o sabor de uma *madeleine*, um pequeno bolinho, evoca em Marcel Proust todas as lembranças do tempo perdido, que preenchem a obra de sete volumes.

Nossas alegrias desde a infância – não estão elas frequentemente ligadas a experiências sensoriais? Há as caminhadas, os passeios de bicicleta, as viagens em geral, a vivência em grandes paisagens maravilhosas que tocam e expandem a alma, como o deserto do Saara, a estepe africana... Uma mulher que tinha viajado à África me relatou que ver uma girafa, seus movimentos, a altura de seu pescoço, de sua cabeça, faz parte das vivências mais intensas de sua vida.

E ainda nem mencionei as experiências culturais e espirituais, que sempre são percebidas primeiramente pelos sentidos, como os cânticos dos monges budistas, que pairam sobre as florestas na Coreia, ou os chamados para as orações do muezim sobre os telhados de uma pequena localidade na Tunísia. Lembro-me bem da coloração do céu na madrugada, quando esse chamado ressoou e eu abri a janela, sentindo também o inconfundível aroma de pão sírio recém-assado que entrou pela janela. Ou, quando penso no badalar de sinos à meia-noite, num dia frio de Ano Novo, que quase me elevou do chão congelado e me comoveu profundamente, acompanhado de ar fresco de neve e uma taça de champanhe ao ar livre, espumando até a altura das narinas. Além disso, as pessoas familiares com quem brindamos, com as mãos trêmulas, mas com calor nos olhos e no sentimento. Todas essas são memórias de "biografias da alegria" de pacientes, amigos, amigas e também de mim mesma.

As experiências de alegria estão, amiúde, intimamente ligadas às experiências sensoriais, mas, como tais, elas também estão muito próximas das experiências de sentido. Isso não é surpreendente diante da invocação de comoção religiosa pelos cânticos e pelo som dos sinos. No entanto, sem dúvida, até mesmo a visão de uma ampla paisagem pode "expandir" o olhar e provocar sentimentos de felicidade: por exemplo, a vasta planície do norte da Alemanha preencheu uma idosa de quase 80 anos, durante sua viagem de outono, com um novo sentimento de sentido: junto a uma névoa suave, que lembrava o mar não muito distante, aquela era uma imagem condizente com o sentimento de vida em seus anos mais avançados. Em sua harmonia com esse todo maior, ela percebeu isso como algo em harmonia consigo. Coincidentemente, naquele período, ela também teve um sonho com um rei cinza, simples e distinto, que havia substituído o rei vermelho, que reinara até então.

Nas psicoterapias, não apenas na escola junguiana, é de essencial importância chegar até as emoções, que, no final das contas – também em concordância com a neurofisiologia afetiva – representam aquilo que alcança e constitui o cerne da pessoa, aquilo que encadeia seu eu a uma vivência contínua e uma unidade pessoal. No entanto, as emoções são mais seguramente acessadas por meio da experiência sensorial, pela percepção das sensações, que, do ponto de vista da fisiologia cerebral, estão – como em qualquer encontro entre pessoas – ligadas aos centros de vivência emocional pela percepção sensorial mútua de gestos e expressões faciais entre paciente e terapeuta, pelo tom e timbre da voz, independentemente do conteúdo verbal trocado entre ambos ou das intervenções terapêuticas realizadas. O modo como o terapeuta e o paciente se sentam, com os braços abertos ou cruzados, voltados um para o outro ou afastados um do outro, é um teste importante da relação entre ambos naquele momento. Uma importante percepção sensorial, de lado a lado, é aquela que determinará se e como o que é dito verbalmente corresponde à gesticulação, à expressão facial e ao tom de voz. Só assim é possível transmitir coerência, concordância e, em última análise, sentido.

Além dessa percepção sensorial do terapeuta, é fundamental a inclusão da experiência sensorial justamente em tudo o que é narrado e comunicado um para o outro durante a terapia, seja uma experiência conflitante ou libertadora do cotidiano, uma lembrança importante, um episódio complexo da infância, uma imaginação, um sonho. Pois só assim se chega à emoção associada a eles, a emoção que conecta o acontecimento ao núcleo corporal da pessoa em questão. Pensemos inicialmente em um "episódio de complexo" (cf. Kast, 2022, p. 13ss.): se alguém apenas me conta que, quando criança, era frequentemente ignorado, isso é inicialmente apenas uma informação simples, que por si só ainda desencadeia poucas coisas. Porém, assim que esse homem em questão me conta como sua mãe abria uma garrafa de vinho tinto e acendia um cigarro após o trabalho quando voltava do trabalho para casa, e como ele, criança na época, pedia algo ou precisava de algo e era ignorado com os olhos vidrados da mãe, que lhe dava broncas frequentes por estar incomodando – então todas as suas emoções sobre o fato de ser ignorado voltam à tona. E eu, como ouvinte, também me achei envolvida, senti o cheiro de cigarro, vi os olhos vidrados da mãe – e, a partir do surgimento das minhas próprias emoções, entendi como ele deve ter se sentido e como ainda se sentia com frequência também agora em nossa relação terapêutica, como ele devia ter uma reação hipersensível e marcada pelo complexo perante qualquer situação em que se sentia igualmente ignorado – pois se ao mesmo tempo ele se vivenciava a si mesmo como desnecessário, como um incômodo apenas, ele perdia todo seu direito de viver e seu sentido.

Eu decidi percebê-lo com atenção especial, uma vez que ele tinha uma forte transferência materna em relação a mim e, consequentemente, agia de maneira insistente e também ansiosa devido ao medo de uma possível nova decepção, exigindo repetidamente ser visto por mim. No entanto, quando eu realmente não o entendia, porque ele não conseguia expressar seus desejos reais por medo da decepção, ele ficava decepcionado em tal medida que não mais aceitava nem minhas perguntas nem meus esforços para compreendê-lo, mas apenas desviava o olhar de mim com seus olhos vidrados. De repente, ele inconscientemente passou a me tratar da mesma maneira que sua mãe o tratava – empurrou-me para o outro papel de seu episódio do complexo, fazendo de mim o filho que não era visto e que, portanto, tornava-se desnecessário. Eu senti, nesse papel, a emoção dele daquela época, senti o cheiro do cigarro, vi nos seus olhos os olhos vidrados e sem expressão de sua mãe, que olhavam através dele, como se ele nem estivesse lá. De repente, me veio à mente a ideia de lhe dizer: "Sabe, agora entendo completamente como deve ter sido para você naquela época, quando olhavam através de você, quando o ignoravam, tudo isso deve ter parecido sem sentido para você". Nesse momento, a vida voltou a brilhar nos olhos do meu paciente: "Sim, foi assim". Ele se sentiu compreendido. A partir daí, a relação e o trabalho terapêuticos puderam continuar, ganhando fluxo e sentido. Assim, o episódio do complexo, preenchido e pintado de maneira sensorial, liberou tanto emoção quanto empatia entre nós, permitindo um processamento emocional do complexo. Justamente isso tende a ser curativo.

Não é diferente quando um sonho é contado. Há pessoas, muitas vezes de tipo esquizoide, que acham que devem contar seu sonho de forma concisa, como se fosse um resumo de fatos. Algo nos seguintes moldes: "Sonhei que uma raposa estava sentada no capô do meu carro".

É uma ideia surpreendente, com a qual se pode começar a trabalhar terapeuticamente, mas que inicialmente é mais ou menos apenas uma informação. No entanto, com isso ainda não se narra o que a sonhadora realmente havia sonhado naquela época – o sonho que ocorreu muito tempo atrás. Quando lhe pergunto, ela pode descrevê-lo de forma muito vívida e sensorial: como ela ama o tom castanho-avermelhado, o pelo eletrizante das raposas, que antigamente era usado para fabricar casacos de pele – como o de sua mãe. Ele também tem algo de erótico e erotizante. Uma raposa, ela diz, era um pouco um "animal diabólico", especialmente quando invadia os galinheiros para pegar o que precisava. Mas um carro também tem qualidades sensoriais para ela, diz com entusiasmo; ele deve lhe agradar na forma, na cor e, claro, também no desempenho, caso contrário, não o compraria. Seu carro preferido naquela época era do tipo Commodore. Era um momento em que ela ocupava uma posição de liderança na política, e "Commodore" também significa "comandante". E foi exatamente assim que ela se sentia: como uma comandante. Nesse carro, ela se sentia no comando, habilidosa ao volante, determinada, eficiente. O carro tinha de ser azul, diz ela, com grande emoção, pois verde, por exemplo, não teria se ajustado à sua emoção em relação àquele carro. Ela queria ser fria, racional, também estética, é claro, mas, acima de tudo, totalmente funcional. Essa era sua autoimagem predominante – algo também vividamente, sensorialmente perceptível no sonho com o Commodore azul que ela realmente possuía.

E agora vem a surpresa que esse sonho lhe causou: de repente, sobre o azul frio de seu elegante Commodore, sobre o capô, há uma raposa vermelha com seu pelo macio, sedoso e eletrizante, um animal, uma peça viva da natureza, um ser inteligente, astuto e também erótico – e simplesmente segue viagem com ela. Ela vê essa imagem agora com muita exatidão. Algo vivo quer viajar junto sobre esse aparelho técnico e esteticamente frio, que se ajusta ao seu estilo de vida e autoimagem da época, algo quente, animalesco, erótico quer se juntar, e também algo atrevido, que toma seu lugar e leva consigo o que precisa. Essa raposa a acompanha no sonho, durante toda a viagem.

Por meio desse sonho vivido sensorialmente e agora também narrado de forma sensorial com seu contexto, a sonhadora se dá conta do que até então não havia admitido totalmente para si mesma: que uma emoção surpreendente e quente havia aflorado nela, um sentimento erótico que queria viajar com ela daí para frente. Essa emoção havia se manifestado em um encontro com um colega, uma emoção que ela inicialmente não havia reconhecido para si mesma. No entanto, o sonho lhe diz: essa emoção viajará com ela daqui para frente, vai complementar e enriquecê-la, também com as qualidades da raposa. Apenas a existência profissional não era mais suficiente. A simples informação de que ela havia sonhado com uma raposa no capô do seu carro não teria causado essa compreensão que transformou sua vida, se a descrição emocional do sonho também não tivesse despertado a gama de emoções relacionadas.

Assim, a representação depende da abertura de todos os canais sensoriais. A representação interna, a imaginação, tem o poder de mudar muitas coisas em nossa vida e na terapia, se for vívida e colorida o suficiente. Para pessoas que acham que não conseguem imaginar ou se representar algo internamente, pode-se sugerir que, na próxima oportunidade, elas visitem um mercado movimentado, de preferência um mercado oriental, e tentem perceber com todos os sentidos o que puderem cheirar e diferenciar, como a qualidade de um melão; o que puderem tocar, como a plenitude de um cacho de bananas; o que puderem ver em nuanças de cores – das frutas, das flores, mas também das pessoas com suas roupas coloridas – ; o que puderem ouvir, como a propaganda das mercadorias, risadas, o arrulhar das pombas, o latido dos cães, o chiado dos freios de bicicletas. Por fim, ao imaginar, todos os sentidos também podem ser despertos, por exemplo, no caso uma mulher com cerca de cinquenta anos que imaginou a seguinte "imagem interna" e, depois, a pintou: à esquerda da imagem, ela viu uma tigela com deliciosas frutas maduras, com um melão doce e aromático; à direita, no entanto, havia uma grelha preta que cheirava a algo queimado, carbonizado. Curiosamente, ela se assemelhava mais a uma cama infantil antiquada, uma grade metálica – e não cheirava apenas a queimado, mas havia uma chama ardente acima dela.

Portanto, dois contrastes dramáticos surgiram na sua imaginação e, depois, na imagem: algo ardente e já queimado do lado direito, o lado consciente, e à esquerda, a tigela com as frutas maduras. Uma grade que lembra uma cama de criança, que para essa mulher de aproximadamente 50 anos também remete ao âmbito infantil e à sua época de criança, um âmbito que agora queima e já está queimado e que, de algum modo, precisa ser transformado de maneira sacrificante, tendo em vista as frutas de vida pujante, que já estão preparadas do outro lado da imagem. À esquerda está o lado simbólico do inconsciente, que agora, no entanto, se tornou visível com novas possibilidades de vida produtiva.

Muitas experiências sensoriais e corporais aparecem em todas as formas de terapia que, como no caso da psicoterapia junguiana, trabalham com material simbólico, incluindo material do inconsciente. As formas terapêuticas começam diretamente no corpo e na vivência dos sentidos e, por meio da respiração, do movimento e até mesmo da dança, convertem a própria experiência sensorial em solução e liberação para a conscientização da experiência corporal. Por exemplo, a introdução ao Método Feldenkrais segue o lema "Consciência pelo movimento" (Feldenkrais, 2020, 2013). Alguns dos fundadores de terapias corporais eram eles próprios pessoas que tinham limitações físicas e que, pela conscientização das funções corporais e também, em grande parte, pelo seu significado psíquico para elas mesmas, encontraram cura para si próprias e desenvolveram métodos que também poderiam trazer cura para outras pessoas por meio da experiência sensório-corpórea. É digno de nota que muitos dos terapeutas que nas terapias corporais trabalham com experiências sensoriais diretas frequentemente relatam que as pessoas também têm a necessidade de falar sobre o que viveram sensorialmente, perguntando por um significado para si mesmas como um ser completo, e isso não se limitava à mera vivência corporal. Na supervisão de terapeutas corporais e também na cooperação com eles, minha experiência foi a de que, em formas terapêuticas que partem diretamente da experiência sensório-corpórea, ainda parece necessário ter também um entendimento simbólico do vivido, para que as percepções possam ser reconhecidas e nomeadas como emoções que desvendem para a pessoa em questão um novo significado e uma nova dimensão de sentido – ainda que, obviamente, já seja uma grande conquista se os órgãos e funções sensoriais comecem a trabalhar bem novamente.

Uma terapia segundo o conceito de C.G. Jung pode também incluir a percepção, a conscientização e a diferenciação da função de orientação de uma pessoa, que até então estava menos desenvolvida, como, no caso de uma pessoa predominantemente intuitiva – como muitos terapeutas são –, ou seja, a chamada "função sensação" (cf. Adam, 2003, p. 101). Numa pessoa intuitiva, essa função geralmente seria menos pronunciada e desenvolvida, estaria na sombra, e seria necessário, de forma explícita, desenvolvê-la no caminho para a totalidade. Klaus Uwe Adam descreve a função sensação como a função de orientação no mundo que é capaz de transmitir e receber estímulos físicos:

> Todas as qualidades sensoriais pertencem ao campo de atuação da função sensação, que está mais intensamente relacionada ao corpo e depende dele. [...] No modo de vivência extrovertido, ela está totalmente voltada para os objetos que geram os estímulos sensoriais, ou seja, orientada para o mundo e interessada na realidade material. Ela transmite um senso de realidade prático e estético e muitas vezes também, por exemplo, a habilidade de lidar rápida e habilidosamente com objetos concretos (Adam, 2003, p. 101).

Na moldura da concepção junguiana das quatro funções de orientação do ser humano, a função sensação, ou seja, a quarta – além do pensar, sentir e intuir – seria aquela que, em comparação com a altamente valorizada intuição e também com a função sentimento, as quais eram para o próprio Jung as funções principais, às vezes fica um pouco em segundo plano[7]. Klaus Uwe Adam também afirma que a função sensação abriga o "perigo do concretismo" (Adam, 2003, p. 101). A isto eu gostaria de responder: se alguém tivesse, ao menos,

---

7. Assim, por exemplo, no trabalho de Monika Rafalski (2019, p. 138-157), apesar da natureza diferenciada do restante de sua apresentação, a função sensação nem é mencionada. Em contrapartida, Alessandra Lemma escreve: "Sua contribuição [da função sensação] para entender a mais fundamental de todas as questões psicanalíticas – nosso relacionamento com nosso corpo – é imensa e continua a crescer" (Lemma, 2018).

suficiente sensibilidade para o concreto, por exemplo, nos detalhes de uma história de vida, nos sintomas de um quadro de distúrbio e também no esboço concreto de um plano terapêutico, o quanto já não se teria penetrado no problema! No entanto, os "concretistas", os quais se encontram entre os tipos sensação, são acusados de não saberem simbolizar tão bem e, por sua referência à realidade, também são acusados de terem, com frequência, pouquíssimo senso para o inconsciente. No entanto, também se afirma que o simbolizar poderia ser treinado, assim que o cliente ou a cliente o solicitasse.

Aliás, a cor simbólica (cf. Riedel, 2019) que Jung atribui à função sensação é o verde, o vermelho é para a função sentimento, o amarelo para a função pensamento e o azul para a intuição. Mas, sobretudo, o verde é a cor da vegetação, a cor do crescimento suave e constante, a cor da esperança, da sabedoria, e, acima de tudo, a cor do contato psíquico, da mediação e da reconciliação. Como se sabe, Hildegarda de Bingen, com sua teologia da criação, sua teologia dos cinco sentidos, considera o verde a cor mais nobre, cantando-a: "Ó verde mais nobre, que se enraíza no Sol e brilha em clara serenidade". A canção termina com a frase: "Abraçado pela força do coração dos mistérios celestiais, tu te ruborizas como a luz da manhã, tu, Verde, és envolto pelo amor" (Riedel, 1994).

O gosto pela vida depende – e isto mereceria um novo capítulo, muito maior – especialmente da cultura baseada em todos os sentidos, percebida pela visão, pela audição, depende da pintura, das artes plásticas, da capacidade de movimento humano no ritmo da dança. Mas também depende das cenas e gestos das pessoas no teatro, no cinema e, além disso, de todas as formas de expressão da palavra falada e escrita, em leituras e palestras, no ensino e na aprendizagem, e, não menos importante, na conversa terapêutica. De modo inesgotável, mas profundamente tocante, sentimos a melodia e o ritmo da vida em todas as formas de expressão da música, começando pelo canto coletivo, passando pela cultura atual da canção popular, executada por indivíduos ou grupos, até a alta cultura do concerto para orquestra e da ópera. Aqui, as experiências de significado e sentido da vida humana são transmitidas diretamente pelos sentidos. Aqui, compartilhamos da cultura da humanidade. Experienciamos nosso pertencimento, nos sentimos em seu centro, percebemos que não somos efêmeros, mas parte de um grande processo cultural que atravessa milênios. Aqui, como também na tradição filosófica do sensualismo[8], as experiências sensoriais e as percepções são desenvolvidas como base e caminho para qualquer interpretação do sentido do todo.

Segundo Hobbes, todo conhecimento provém da percepção; para Locke, todo conhecimento vem das "sensações", ou

---

8. Sensualismo: "O princípio epistemológico de Tomás de Aquino, que remonta a Aristóteles: 'O que está em nosso intelecto esteve antes nos sentidos' ('*quod est in intellectu nostro prius in sensu fuerit*'), ganha caráter absoluto na era moderna como o princípio sensualista 'nada está no intelecto que não tenha estado antes nos sentidos' ('*nihil est in intellectu, quod non ante fuerit in sensu*')" (Vollmer, 1995). Hobbes e Locke são representantes proeminentes do sensualismo, seguidos pelos sensualistas franceses. Para Locke, todo conhecimento origina-se das sensações, dos sentidos externos e de sua reflexão.

seja, das impressões sensoriais externas e sua reflexão. Nada está em nosso intelecto que não possa ser rastreado até as impressões sensoriais externas e internas. No entanto, o espírito tem, por meio de representações empiricamente adquiridas, diversas possibilidades de conexão. Ainda segundo ele, os sentidos e as sensações são a despensa inesgotável da qual a razão se vale com todas as suas representações.

Uma exigência fundamental do sensualismo e do empirismo é rejeitar como insuficientes todas as concepções que não se baseiem na percepção sensorial empírica. Contra isto podem ser feitas algumas objeções, mas, antes de mais nada, essas posições do sensualismo merecem uma nova consideração.

As experiências da religião, com uma confiança primordial do ser humano, também não são possíveis sem a mediação dos cinco sentidos, especialmente sem o sentido do tato. Lembro-me apenas das experiências, que descrevemos acima, de toda criança com o ser vista, ser ouvida, ser alimentada e carregada pelos pais. A partir disso, nasce a confiança primordial no outro ser humano e, além disso, no símbolo de um outro transcendente. A partir disso surge a capacidade de viver e de amar; e, para o adulto maduro, na sexualidade, surge o maior banquete dos sentidos, de modo que Ingeborg Bachmann, em seu poema "Ao sol", pode afirmar a grande frase, inteiramente sustentada pela experiência sensorial: "Nada mais belo sob o sol / do que estar sob o sol" (Bachmann, 1974, p. 51).

3

Os sentimentos tornam a vida viva

Para um diálogo com a neurociência afetiva

O acesso da psicologia profunda às emoções

Quando e como as sensações mediadas pelos sentidos se tornam emoções para nós? Não é sempre quando e tão logo as reconhecemos e nomeamos em sua qualidade emocional? Por exemplo, quando reconhecemos e chamamos a sensação de tensão no corpo de "medo", o umedecimento dos olhos de "tristeza" ou "dor da despedida", o abraço de uma pessoa que nos significa algo de uma "profunda alegria", sim, de "segurança". Nesse sentido, nossas percepções sensoriais se revelam como a base de todas as nossas emoções. A percepção emocional humana, portanto, baseia-se e opera inteiramente sobre as sensações que surgem do fundamento corporal. Isso é motivo suficiente para que nos voltemos para elas com toda a atenção necessária. Assim, a função emoção do ser humano poderia e deveria sempre estar conectada à percepção de sua função sensação:

> Existem [...] sistemas emocionais que todos os seres têm: interesse, curiosidade, jogo, alegria, cuidado, medo, raiva, pânico e prazer. [...] E como compartilhamos uma grande parte de nossa biologia com os animais, também somos um pouco pássaros. Por isso, também podemos voar em nossas representações (Donzé & Pfister, 2016, p. 163).

Como emoção, isso seria uma de grande leveza.

C.G. Jung escreveu, em 1916: "A base essencial de nossa personalidade é a afetividade. Pensar e agir são, por assim dizer, meros sintomas da afetividade" (OC 3, § 78). Essa afirmação fundamenta sua teoria dos complexos de tonalidade afetiva (OC 3, § 78) – a base de todo o seu trabalho terapêutico. No trabalho de pesquisa da psicologia profunda no círculo da psicologia de C.G. Jung, foi Verena Kast quem mais consistentemente abordou a afetividade, ou a emocionalidade, colocando-a no centro de seu próprio trabalho, pois ela começara com o estudo sobre *Luto. Fases e chances do processo psíquico* (Kast, 1982), cuja primeira edição de 1982 foi seguida por várias reedições – um trabalho pioneiro que estabeleceu uma nova base para a pesquisa psicológica sobre o luto, bem como para o acompanhamento psíquico de pessoas enlutadas, que na época ainda se encontrava nos estágios iniciais. Nesse estudo, a emoção do luto recebe uma descrição fundamental, bem como o decurso em fases de cada processo de luto, com seu objetivo de permitir uma solução para o "si-mesmo relacional" com a pessoa amada falecida e de retornar ao si-mesmo pessoal. O frutífero termo "si-mesmo relacional" (Kast, 2021, p. 152-169) e a ideia correspondente foram criados por Kast. O processo de luto é entendido aqui como um processo criativo que nossa psique é capaz de efetuar quando segue suas emoções, que se refletem principalmente nos sonhos. Esse processo pode levar o enlutado à recuperação de uma "autorreferência nova"[9], caso ele consiga se desvincular do "si-mesmo relacional" anteriormente bastante entrelaçado com o falecido, e se tornar novamente um indivíduo.

Ao estudo sobre o luto, que iniciou uma nova pesquisa nessa área, seguiu-se rapidamente outro, agora sobre as emoções que se opõem ao luto e podem enfrentá-lo com algo, ou seja, "alegria, inspiração, esperança" (Kast, 2013) – um trabalho de exploração igualmente inspirador, sobre as "emoções elevadas" (Kast, 2013, p. 16-23), como são chamadas na psicologia, no qual Kast se deparou com o fato curioso de que as "emoções elevadas", subestimadas em sua importância na época, eram vistas pela pesquisa psicológica como algo apenas espontâneo e não duradouro. Kast, por outro lado, irá desvendar e apreciar essas emoções em seu alto valor para a vida, especialmente no contexto de uma terapia.

Sob a perspectiva terapêutica, ela desenvolve a ideia de uma "biografia da alegria" (cf. Kast, 2013, p. 55ss.; 60ss.),

---

9. A fase da autorreferência e da referência ao mundo é descrita em Kast (2020, p. 71ss.).

que deveria ser levantada no início de qualquer psicoterapia, como um complemento à anamnese usual das aflições e dores que o cliente vivenciou desde a juventude e que o marcaram. Assim como nossos sofrimentos são reais, nossas alegrias também são, são os menores e maiores motivos e experiências de alegria que atravessam a vida de cada um. Isso pode incluir, por exemplo, o cheiro e o sabor de manjericão, que sempre foi usado com prazer na cozinha. Colocar as emoções dolorosas frente a frente com as alegres pode, além disso, intensificar o contraste de ambos os grupos, como numa composição contrapontística de Johann Sebastian Bach.

Algo novo para a psicologia das emoções são também a descrição e valorização do "antegozo" por Kast (2013, p. 72ss; 2019, p. 92-94), que ninguém mais pode tirar de nós, mesmo que depois nem tudo se concretize, como ocorre com a expectativa. Se, por outro lado, tudo se concretizar, ninguém poderá substituir o antegozo, que muitas vezes já conseguiu elevar o espírito meses antes do evento alegremente esperado.

Kast, juntamente com Franz Riklin, havia iniciado pesquisas mais avançadas sobre o experimento de associação de Jung, a base empírica sobre a qual o próprio Jung descobriu os "complexos de tonalidade afetiva" autônomos e fez sugestões metodológicas para sua inquirição. O experimento de associação é um experimento psicológico no qual os participantes recebem cinquenta ou até cem palavras, às quais devem responder com uma associação verbal espontânea. O que significa, então, se a um participante, diante de uma simples palavra-estímulo como, por exemplo, "casa", nada ocorre por vários segundos, mesmo que ele normalmente reaja com rapidez? Isso indica que ele está diante de um "complexo de tonalidade afetiva", um complexo relacionado ao tema "casa", "estar em casa", que para essa pessoa não seria de modo algum algo simples ou óbvio – e, com isso, já se está no centro de seu problema. O experimento abre a conexão entre os sintomas clínicos eventuais e a história de vida. Aqui, uma pessoa que nunca teve um lar precisa de segurança – um sinal importante também para a relação terapêutica que se deve estabelecer com ela.

Desde o trabalho aprofundado de Verena Kast sobre *O experimento de associação na prática terapêutica* (Kast, 1980; 2022, p. 7-20) este se tornou uma ferramenta terapêutica com a qual os candidatos à formação, por exemplo, no C.G. Jung-Institut de Zurique, aprendem a lidar. As pesquisas avançadas sobre a base empírica da psicologia analítica de C.G. Jung incluem, especialmente, aquelas sobre os "complexos de tonalidade afetiva", fixações, cuja descrição estabelece novas ênfases. Segundo Kast, complexos surgem do – geralmente já precoce – embate de uma pessoa com uma pessoa de referência, a partir do qual, após repetidos embates semelhantes, se produz uma marca, uma fixação, um padrão constante, generalizado de comportamento e expectativa que, finalmente, também se manifesta na relação terapêutica. Ele só pode ser dissolvido se o complexo subjacente for trazido de novo à consciência em seus polos originais, um dependente, o "polo infantil", e um superior, dominante, o "polo adulto". Então, a projeção desse complexo, por exemplo, sobre a relação terapêutica, pode ser compreendida, e a correspondente colusão entre cliente e terapeuta pode ser dissolvida e esclarecida. Kast, nesse contexto, também fala de "episódios de complexos" e os descreve como "experiências relacionais generalizadas, que representamos do modo mais sensorial possível com todos os canais de percepção e narramos à analista, ao analista" (Kast, 1980, p. 14; 1989, p. 296-316). Esses nexos, que na época eram pouco conhecidos na pesquisa psicológica, incluindo a de Jung, revelaram ter desde então grande relevância terapêutica.

Quando a teoria dos complexos é ignorada, muitas vezes também se ignoram a teoria dos conflitos e o conflito atual. Às vezes, isso leva à busca de refúgio nos arquétipos (OC 9/1, §§ 1-86), mas que podem ficar estranhamente abstratos. Por exemplo, no mencionado complexo "casa" e, portanto, na falta de um lar no plano emocional, o anseio por segurança emocional e, portanto, também pelo arquétipo da "grande mãe", é evidente, é um tema de vida que precisa ser trabalhado e reconfigurado. Neste contexto, o núcleo emocional no complexo deve novamente receber atenção especial, pois é ele que fornece a energia ao arquétipo, permitindo-lhe exercer um efeito de cura. Assim, o arquétipo da "grande mãe" irradia uma maternidade acolhedora que pode absorver e curar tal falta de lar.

Kast se alinha com Jung nessa definição dinâmica dos arquétipos (Kast, 2022, p. 23ss.). Para ela, os arquétipos deveriam ser vistos como princípios estruturais da psique, enraizados no inconsciente, mas com um potencial dinâmico e que não devem ser rigidamente fixados em termos de conteúdo.

Não é necessário compartilhar a incômoda divisão da psicologia junguiana realizada por alguns, a saber, entre aqueles que consideram imprescindível o acesso empírico-clínico à psicologia, e aqueles que, antes de qualquer empiria, apostam na fascinação e no poder curativo dos símbolos arquetípicos. Verena Kast valoriza e utiliza ambos os lados conjuntamente e é justamente isso que lhe proporciona força de alavanca e capacidade de voo intelectuais e terapêuticos. Para ela, além de alegria, inspiração e esperança, é fundamental também se voltar para as emoções mais desagradáveis e, por isso, muitas vezes tabuizadas, como a inveja e o ciúme, mas também o tédio – e, com isso, também as bases emocionais para o oposto, ou seja, o interesse (Kast, 2021). A inveja e o ciúme também podem, sob uma interpretação psicológica, ser compreendidos como indicação e incentivo para aquilo que desejamos viver e realizar por nós mesmos, algo que inicialmente talvez só percebamos em outra pessoa que invejamos, porque apenas projetamos essa habilidade nela. A inveja não surge em relação a tudo o que os outros fazem melhor, mas, na verdade, apenas quando há algo que poderíamos também fazer, se ao menos tivéssemos coragem. Longe de uma desqualificação moral desses sentimentos desagradáveis, Kast, em seus estudos, sempre pergunta pelo valor de vida contido nessas emoções e o que este significa para a autoestima (cf. Kast, 2021, p. 41s.). Mesmo no fanatismo, ela afirma encontrar ainda, embora pervertida, a capacidade de entusiasmo por um objetivo de vida que poderia preencher completamente alguém (Kast, 2017, p. 111). Se permitíssemos esse entusiasmo, poderíamos abandonar o extremo fanático e talvez até mesmo a inveja. Para isso, é necessário permitir-se uma emoção, para que a mudança aconteça. No entanto, para permiti-la, é preciso, antes de tudo, estar ciente da própria sombra, aceitá-la emocionalmente e explorá-la.

Também tem relevância sociopsicológica o estudo de Kast *A sombra em nós* (2022), que nos orienta a identificar emoções sombrias, como a inveja, dentro de nós mesmos e a aprender a lidar com elas antes de precisarmos projetá-las para fora, em alguém ou em um grupo de pessoas. Na publicação lançada há poucos anos, *Wider Angst und Hass. Das Fremde als Herausforderung zur Entwicklung* (*Contra o medo e o ódio. O estranho como desafio para o desenvolvimento*) (2017), Kast inicia com uma análise perspicaz do ódio, que, apesar de todo o afastamento do odiado, permanece "ligado ao odiado, agarrado ao odiado" (Kast, 2017, p. 9). Assim, é possível perceber até mesmo na emoção ódio o início de uma afirmação de uma identidade pessoal e cultural. No entanto, ela conhece maneiras mais sensatas para isso, as quais apresenta nesse livro. Ao mesmo tempo, ela faz sugestões orientadoras de ação tanto para o indivíduo como para grupos sociais[10].

10. A alta relevância sociopsicológica da publicação de Kast *Tornar-se um consigo mesmo: Identidade e autoestima em um mundo complexo* (2024) é salientada na resenha de Ralf T. Vogel (2019, p. 221s.).

Também uma das últimas publicações de Kast, *Nostalgie und Aufbruch. Von der Lust, die Welt zu gestalten* (*Nostalgia e partida. Do prazer de moldar o mundo*) (Kast, 2019), permanece fiel à nova abordagem voltada para a sociedade, também na consideração das emoções, e convida, ou melhor, exorta – contrariando a tendência pública pela nostalgia – à ação, à construção conjunta do futuro, com envolvimento de todas as energias das emoções positivas.

Impulsos da neurociência afetiva

A neurociência afetiva realizou intensas pesquisas sobre a emocionalidade humana nas últimas décadas, trazendo à tona conhecimentos que também são relevantes para a pesquisa da psicologia profunda e para a prática psicoterapêutica. Como uma das primeiras, Verena Kast também entrou em diálogo com a neurociência afetiva, por exemplo, em sua contribuição sobre *Komplexe und ihre Kompensation. Anregungen aus der affektiven Neurowissenschaft* (*Complexos e sua compensação. Impulsos da neurociência afetiva*) (Kast, 2019b, p. 14-33)[11], o que também me convenceu da pertinência desse diálogo para a psicoterapia e me estimulou a entender a emocionalidade humana sob uma perspectiva ampliada e refletir de nova maneira sobre sua abordagem terapêutica.

Mas o que são os sistemas emocionais básicos descritos pela neurociência afetiva? Aqui devemos partir da com-

---

11. Kast (2019, p. 86-90) também fala de "sistemas emocionais fundamentais" (p. 86).

preensão fundamental de Jung, segundo a qual a base essencial da nossa personalidade é a afetividade: "Pensar e agir são, por assim dizer, meros sintomas da *afetividade*" (OC 3, § 78), já dizia Jung por volta de 1906. Cerca de cem anos depois, Jaak Panksepp e Lucy Biven, como representantes principais da neurociência afetiva, escrevem algo diretamente comparável: "Está claro que a psicoterapia se encontra no meio de uma revolução em relação às emoções. Os aspectos afetivos originais da mente não são mais marginalizados, mas reconhecidos como as verdadeiras forças motrizes da psique" (Panksepp & Biven, 2012, p. 31).

Passou da hora de relacionar as ideias de C.G. Jung com as de importantes representantes da neurociência afetiva, como Jaak Panksepp, Lucy Biven, Antonio Damasio e Frans de Waal (Damasio, 2011; de Waal, 2011), pois se verifica que os novos conhecimentos da neurociência também sustentam a convicção fundamental de C.G. Jung de que a afetividade é a base da personalidade e demonstram novamente como eles foram e ainda são fundamentais – desde a época de Jung até a redescoberta atual. Elas são fundamentais para o trabalho com os complexos de tonalidade afetiva e, portanto, também para o plano de fundo emocional dos sonhos e da imaginação. Este conhecimento de Panksepp e Biven é particularmente relevante para o trabalho com episódios de complexos: "Distúrbios emocionais estão, sem exceção, associados a um ou mais dos 'sistemas de referência emocionais'" (Panksepp & Biven, 2012, p. 9s.).

Em sua pesquisa, que parte dos pontos em comum entre seres humanos e mamíferos, Jaak Panksepp descobriu sete sistemas centrais de referência: um da busca, um do desejo, outro do medo, um quarto da perda e da tristeza. Mas especialmente importantes, particularmente para os seres humanos, são o sistema do cuidar, do importar-se uns dos outros e, finalmente, o do jogar, da cooperação criativa no experimentar.

Panksepp escreve os nomes desses sete sistemas emocionais sempre em letras maiúsculas, para esclarecer que ele não está se referindo a emoções individuais da vida cotidiana, mas a redes emocionais inteiras – justamente a sistemas, a saber em torno de:

SEEKING (Busca, com recompensa, entusiasmo ao encontrar)

LUST (desejo, principalmente com conotação sexual).

RAGE (Raiva, até a fúria).

FEAR (Medo, receio).

PANIC/GRIEF (Pânico, experiência de perda, tristeza).

CARE (Cuidado, também no sentido maternal, cuidar).

PLAY (Jogo social, experimentar algo) (cf. Panksepp & Biven, 2012, p. 457)

Nisto, Panksepp entende o cérebro e a mente como uma unidade indivisível, como "BRAINMIND", escrito tudo junto numa só palavra, para enfatizar a inseparabilidade: como cérebro-mente, mente-cérebro.

Além dessas sete bases biológicas da afetividade, localizadas nas regiões subcorticais do cérebro e que abarcam os processos primários, Panksepp afirma que todo o trabalho de aprendizado e memória ocorre como processos secundários inconscientes nas estruturas límbicas superiores do cérebro. Apenas nas áreas mais superiores do cérebro, no neocórtex, encontramos os processos mentais mais elevados, que permitem o desenvolvimento e a reflexão de ideias e pensamentos. De acordo com o modelo de Panksepp, o trabalho terapêutico só pode ocorrer como um processo consciente, ou seja, terciário (Panksepp & Biven, 2012, p. 457); mas o processo secundário inconsciente, naturalmente, ressoa aí de maneira decisiva, e, em última análise, tudo se baseia no processo primário.

Essas disposições afetivas originárias em nós se conectam "com as experiências da vida individual" (Panksepp & Biven, 2012, p. 459). Assim, nós nos valemos das experiências de sobrevivência da nossa espécie – incluindo as dos mamíferos. Elas estão armazenadas em nosso "inconsciente", onde os processos primários ainda acontecem até hoje. É nisso que se baseia nossa habilidade herdada de agir em situações críticas no sentido de viver e sobreviver.

Agora, deve-se pressupor que terapeutas, em sua tarefa de apoiar os pacientes em situações críticas, se conectem principalmente com o "CARE-System" como sistema do cuidado mútuo, e trabalhem apoiando-se nele, pois ele é a base da relação terapêutica. No entanto, na prática terapêutica, entram em cena também o "Sistema-BUSCA", o "SEEKING-System", bem como o “PLAY-System”, como sistema de experimentação de possibilidades. Assim, Panksepp dá um novo impulso para o sucesso das conversas terapêuticas ao argumentar enfaticamente que é contraproducente ficar recontando várias vezes episódios da história de vida e os afetos associados a eles, ficar “ruminando-os”, com toda a depressão associada, pois os afetos negativos também reproduzem o distúrbio psicológico subjacente, e a repetição dessas histórias, mesmo no contexto terapêutico, desequilibra o sistema afetivo (cf. Panksepp & Biven, 2012, p. 459; Kast, 2019b, 2024b) . Seria mais útil, justamente no caso de pessoas que já estão fora de equilíbrio, deslocá-las para um novo estado emocional, e pode-se fazer isso ativando o “SEEKING-System” e o “PLAY-System”, já que esses são a base das chamadas emoções positivas, como curiosidade, interesse, alegria, inspiração – as “emoções elevadas” (Kast, 2013, p. 16ss.) que Kast, décadas antes de Panksepp, pesquisou com base na psicologia profunda e argumentou contra a subestimação daquela época a respeito dessas “emoções elevadas” na economia da psique.

Hoje, essas emoções são redescobertas pela neurociência afetiva em sua importância fundamental para o equilíbrio psicológico, especialmente após abalos emocionais, sendo reconhecidas como essenciais para a cura da psique.

Nesse sentido, a ideia de Panksepp de despertar uma emoção oposta, complementar àquela que determina o complexo, está próxima do pensamento de C.G. Jung e da pesquisa da psicologia profunda sobre essa base. Panksepp, por sua vez, confirma a ideia terapêutica de uma compensação dos complexos, ao apontar as possibilidades do "SEEKING-System" e do ludicamente inovador "PLAY-System", que poderiam se tornar acessíveis ao paciente. Assim, a pessoa se moveria para longe das emoções que determinam o complexo, em direção às emoções opostas, sobretudo por meio da ativação do "SEEKING-System", que está envolvido em todas as excitações emocionais e inicia a busca por recursos necessários para que se possa experimentar recompensa novamente, e, em última instância, sobreviver. Verena Kast também escreve:

> Quantas vezes acontece, numa situação de profunda tristeza ou de bloqueio, de uma observação do analista provocar um sorriso, às vezes até mesmo uma risada. Novas ideias, de repente, se tornam novamente possíveis. Diversas emoções tornam-se acessíveis novamente. Não há apenas a emoção da tristeza ou da raiva pelo bloqueio. E isso significa que imaginação, criatividade, alegria se tornam novamente possíveis, e, com isso, também as fantasias de boas experiências (Kast, 2019a).

As emoções de curiosidade, interesse e alegria baseiam-se, segundo Panksepp, no "SEEKING-System". Na sua visão, esse sistema emocional de processo primário ajuda a gerar e estabelecer as emoções correspondentes, mas também pensamentos e estruturas num nível mais elevado. Com isso, a neurociência afetiva confirma descobertas anteriores dentro da psicologia profunda, como justamente aquelas também de Kast.

Panksepp segue claramente na direção de Kast – com as pesquisas iniciais que ela fez sobre alegria, inspiração e esperança – ao defender uma mudança na psicoterapia que, fundamentalmente, conduz a mais emoções positivas. Isso é particularmente favorecido pela ativação do "PLAY-System", como um contraste com RAGE, FEAR e PANIC/GRIEF, ou seja, raiva/fúria, medo/temor e pânico/experiência de perda/tristeza, que também representam esses sistemas emocionais de processo primário. O analista e o analisando jogam dentro do "PLAY-System", de forma mental e emocional, com ideias e conteúdos. Não é que o analista determina o que será jogado – nesse sentido, ele é abstinente. Contudo, ele não é abstinente quando se trata de ajudar a abrir espaço para jogo – também para métodos criativos, como trabalho corporal, pintura e criação, jogo de representação, música etc. Panksepp também acredita que a descoberta de sentido e a experiência de identidade podem ser promovidas quando o SEEKING-System é conectado a funções cerebrais mais elevadas, uma convicção que Verena Kast, baseada em C.G. Jung, já havia sustentado e transmitido, antes de Panksepp (cf. Kast 2019c, p. 27; OC 8/2, §§ 131-193).

Também nos sonhos, o PLAY-System emocional está em atividade como base e tenta encontrar soluções para problemas complexos. Panksepp e Biven veem os sonhos como "uma janela para todas as nossas representações emocionais" (Panksepp & Biven, 2012, p. 377) e descobrem, principalmente no sono REM, a ativação de afetos primitivos. Com

Jung, Kast vê uma relação estreita entre nossos complexos, imaginações, sonhos e nosso estado emocional geral. Segundo Kast, desde 1916 os conteúdos de tonalidade emocional da psique, os complexos, já eram vistos por Jung como "ponto de partida para fantasias, para a formação de símbolos" (Kast, 2019a). No entanto, Kast também enfatiza:

> Não devemos esquecer que, além do "SEEKING-System, do "PLAYSystem" e do "CARE-System", no trabalho terapêutico, estamos sempre lidando também com o "RAGE-System", o "ANXIETY-System", o "GRIEF-System" e o "PANIC-System" (Kast, 2019b, p. 32)[12].

Ou seja, com os outros sistemas básicos e as emoções neles contidas, que ela tratou minuciosamente e representou com os acessos terapêuticos a eles, a fim de possibilitar um equilíbrio psíquico frutífero. Por exemplo, a emoção raiva representa, para ela, a necessidade e a capacidade de se delimitar, de ganhar identidade e equilibrar relações. Todas as emoções têm seu sentido nos desafios da sobrevivência[13].

Panksepp mantém-se fiel à sua tese central sobre a importância das emoções positivas na terapia, também no que diz respeito ao trabalho com os sonhos, pois as emoções positivas também podem ser encontradas nesses sonhos que, à primeira vista, são determinados por emoções negativas. É interessante também procurar por ideias positivas ocultas

---

12. Cf. tb. Kast (2023).

13. Cf. Jung (OC 8/2, §§ 131-193) e Kast (2019a, 2019c, p. 86-94).

em ações paradoxais de sonhos. Um exemplo disso pode ser o sonho de um homem de 36 anos que sofre com uma problemática de ansiedade:

> Tem um piolho no meu quarto. Estou deitado na cama, vejo o piolho. Ele vai ficando cada vez maior e precisa de mais e mais espaço no meu quarto. Meu medo só aumenta. Então, meu filho pequeno entra no quarto e grita entusiasmado: "Que lindo balão!" E começa a brincar com ele. Fico muito preocupado, o piolho pode atacar meu filho. Seu comentário emocional após o sonho: "Acordo com muito medo. Não havia mais espaço para respirar. O piolho ocupa todo o espaço disponível – e agora ameaça até mesmo meu filho!" (apud Kast, 2019b, p. 28s).

Agora, ao lidar com esse sonho e com esse paciente, surge a questão: devo – até mesmo durante a discussão – seguir apenas as trilhas do medo nesse sonho, ou devo seguir o pequeno filho, que está entusiasmado com o piolho gigante, que brinca com ele como se fosse um balão, em vez de temê-lo, ou seja, que até reinterpreta o piolho? É quase como se, com o garoto como uma figura interna e ajudante do sonhador, também estimulássemos o próprio sonhador a brincar com o balão. Isso transforma consideravelmente a emoção e também integra a possível experiência corporal.

Estamos, com isto, no sistema PLAY, o sistema de experimentação e jogo, que Panksepp propõe repetidamente para esses casos e que ele descreve de maneira fundamental. Para Panksepp, pessoas depressivas têm um sistema PLAY subdesenvolvido. Por isso, no caso da depressão, a tarefa da terapia é reativar o sistema PLAY, também em conjunto com o sistema SEEKING, que busca possibilidades libertadoras, sustentado, naturalmente, pelo sistema CARE, como base de uma relação terapêutica cuidadosa e atenciosa. Para Panksepp, terapia não significa apenas estabelecer contato com as emoções do cliente, mas, principalmente, retomar o contato com as emoções positivas, no intuito de, como dizem Panksepp e Biven, "reformular memórias perturbadoras – acalmar a dor psíquica por meio da suavização proporcionada pelos afetos positivos de SEEKING e PLAY" (Panksepp & Biven, 2012, p. 433-435; cf. Kast, 2019, p. 31s.). Pois – como eles veem o efeito – "quando os afetos são modificados, a cognição se seguirá, especialmente com boas ideias" (Panksepp & Biven, 2012, p. 435).

A mudança de pensamento, para Panksepp, só funciona quando a emoção está envolvida. Mas como fazer que a emoção seja despertada e vivenciada, especialmente na psicoterapia? Aqui, o sistema PLAY seria introduzido, sempre que possível, também em formas de terapia em grupo: por meio de movimentos corporais, dança, música, mas especialmente da imaginação e, em particular, por aquela que possa desencadear emoções positivas, como simplesmente imaginar a experiência e a situação físicas do riso. Quando a pessoa faz isso, quase involuntariamente começa a sorrir e depois a rir.

No entanto, o "sistema SEEKING" também está presente quando ousamos imaginações fantásticas e criativas, especialmente na representação e no uso de nossas emoções prossociais – empatia, alegria, amor – e na concepção do ser útil, em que entram em cena os sistemas "CARE" e "PLAY". Para Panksepp, assim como para Kast, isso se tornou uma maneira de regular nossas emoções num sentido muito mais profundo do que fazemos normalmente com o mero mentalizar: a regulação se torna mais profunda quando incluímos os outros sistemas emocionais herdados – os sistemas arquetípicos, por assim dizer –, o que pode levar a um melhor equilíbrio. E para Panksepp, o equilíbrio é a base do bem-estar. A ideia de equilíbrio corresponde à ideia de regulabilidade das emoções. Para Panksepp, isso significa que devemos incluir a energia de todas as emoções herdadas de nossos ancestrais (Panksepp & Biven, 2012, p. 377). De uma perspectiva junguiana, isso significaria integrar as energias arquetípicas na forma de emoções que estão enraizadas no corpo, a fim de lidar bem com as emoções cotidianas, mas também com a vida no mais amplo sentido.

As emoções positivas também podem ser despertadas pela presentificação imaginativa de boas experiências. Isso é algo a que Kast também confere um valor especial, por exemplo, quando incentiva trazer à tona as experiências que tivemos talvez como crianças e que foram cheias de alegria, como durante uma brincadeira movimentada – experiências nas quais podemos nos reimergir imaginativamente e até fisicamente. Ela também propõe esses exercícios de imaginação para pessoas mais velhas. Essa ideia, que também pode ser realizada em grupos, certamente faz parte de uma psicologia das emoções. Na imaginação, ativamos as emoções básicas universais, brincamos com figuras, percebemos os sentimentos associados a elas. E no que tange à imaginação, à pintura e à criação, podemos nos lembrar da afirmação de Jung: "Na medida em que conseguia traduzir as emoções em imagens, eu readquiria a paz interior" (*Memórias*, p. 158).

A noção de que no distúrbio afetivo reside a energia que o sofredor também precisa para uma autorregulação emocional é a base teórica para as diversas técnicas criativo-imaginativas, que já eram praticadas na psicoterapia junguiana – como a imaginação ativa, mas também a pintura a partir do inconsciente, o jogo de areia, o jogo teatral – e que agora, sob a perspectiva neurocientífica de Panksepp, receberam confirmação e são oferecidas para tornar os complexos mais conscientes e promover uma mudança, tornar-se criativo, jogar. Também o meu próprio trabalho de descoberta no âmbito da psicologia profunda de C.G. Jung tem um foco na ativação do sistema SEEKING e do sistema PLAY: no desenvolvimento contínuo da terapia pictórica e artística (cf. Riedel & Henzler, 2016).

A importância dos Sistemas SEEKING e PLAY também vale para o trabalho com os sonhos. Hoje em dia, não buscamos mais apenas uma "interpretação" do sonho, mas podemos também coletar e fantasiar ideias sobre os temas e cenas do sonho, imaginar e amplificá-las e, assim, presentificar as emoções associadas a elas, ligá-las a lembranças e problemas atuais. Podemos usar os sonhos como ponto de partida para imaginações, pintá-los ou moldá-los no jogo da areia. O fato de o sonho noturno estar muito mais próximo dos sonhos diurnos e da imaginação, e ser mais relacionado a eles do que se supunha anteriormente, também é atestado por pesquisas mais recentes na neurociência. Com Panksepp, eu gostaria de enfatizar que poderíamos fazer ainda mais no trabalho com os sonhos para conscientemente estabelecer contato com os respectivos sistemas básicos emocionais universais que atuam na direção oposta.

A visão da neurociência afetiva, sobretudo no trabalho de Jaak Panksepp, é entendida por nós na psicologia profunda segundo C.G. Jung como um valioso complemento ao nosso próprio trabalho com as emoções. A investigação e exploração psicológica das emoções em seu valor para a vida de cada indivíduo pode ser expandida para uma exploração do valor da vida das emoções para sua situação social, como Verena Kast enfatiza: "Para mim, é importante que a alegria seja a emoção que neutraliza o medo. Na alegria, não esperamos nada de ruim – às vezes talvez sejamos realmente ingênuos aqui –, mas a alegria é o antídoto contra os crescentes receios conspiratórios, contra a paranoia" (Kast, 2019c, p. 97).

E, de modo não menos importante, devemos levar em conta que existem naturalmente duas formas de regulação emocional: além da considerada aqui, que, partindo da base biológica, percebe as emoções dos indivíduos e as utiliza como orientação na vida, existe também a outra, que parte do campo de ação sociocultural, no qual as emoções das pessoas se expressam em narrativas e filmes, em imagens e músicas, e que, ao serem ouvidos e observados, ressoam novamente: "O patrimônio cultural é uma fonte inesgotável, também para ativar emoções positivas [...], quando conseguimos entrar em ressonância com ele" (Kast, 2019c, p. 16). Conhecemos bem esse caminho na psicologia profunda junguiana, em nosso trabalho com símbolos, imagens e com temas da cultura atual, assim como da cultura transmitida ao longo do tempo. Trata-se de complementar essas fontes culturais e as possibilidades terapêuticas com o conhecimento e a aplicação dos sistemas emocionais básicos.

4

"No nível mais inferior" a psique é simplesmente "mundo" (C.G. Jung)

O conceito de sincronicidade

Justamente quando estou bem conectada com minhas emoções e também com as sensações subjacentes, a possível simultaneidade de eventos externos e internos pode quase me assustar, às vezes me atingir como um choque: por exemplo, quando descubro que um arquiteto conhecido meu faleceu no Japão exatamente no mesmo momento em que, no meu apartamento em Constança, juntamente com sua filha, estou olhando mais uma vez para o delicado desenho a tinta nanquim que ele havia me dado. Isso aconteceu na mesma hora de sua morte, como fico sabendo no dia seguinte. Tanto eu como sua filha ficamos, então, chocadas. Inicio este capítulo com uma reflexão sobre tais experiências e outras semelhantes. Não haverá, de fato, uma misteriosa interação entre o mundo exterior e o interior em tais momentos fatídicos, nos quais nosso sentimento está completamente desperto? É o que me pergunto.

Essa interação também pode ser salvadora, salvadora de vidas. Acabo de ouvir de uma pessoa que estava de férias numa das ilhas tailandesas que, no dia 26 de dezembro de 2004, durante o devastador terremoto no Oceano Índico, foi atingida por um *tsunami* – um evento que até então era completamente desconhecido e impensável. E também quase ninguém sabia o que era um *tsunami*. Agora, o "acaso" quis que esse homem tivesse levado consigo, como leitura de férias, o romance utópico *Der Schwarm*, de Frank Schätzing (2004), no qual um *tsunami*, com todos os seus pré-avisos e formas de manifestação, é descrito com precisão, assim como a única possibilidade de se salvar com uma reação extremamente rápida quando o *tsunami* chega. No momento em que está lendo isto, ele levanta o olhar da página e vê como o mar de repente recua – um sinal infalível de que um *tsunami* está se aproximando. Ele reage rapidamente, pressiona sua esposa, seus filhos e todos ao redor para subirem imediatamente nas palmeiras mais próximas para se salvar – e a enorme onda já vinha chegando. Não deve ter existido aqui ao menos um sutil sistema de comunicação entre o mundo interior e o mundo exterior?

Desde o forte interesse de C.G. Jung por esse tema, que se manifestou principalmente em suas conversas e no longo intercâmbio de cartas (1932-1958) com o físico Wolfgang Pauli (Meier, 1992), um pesquisador no campo da física quântica, a questão da conexão entre o mundo interior e o mundo exterior tem ocupado a psicologia profunda, que simultaneamente aborda a questão mais fundamental da interação entre a realidade física e a psicológica. A intensidade com que os eventos no mundo exterior influenciam o mundo interior do ser humano é óbvia, mas os eventos no mundo interior também podem constelar eventos no mundo exterior – e ao mesmo tempo? Esta questão merece reflexão, até mesmo além da percepção desses incríveis "acasos".

Sincronicidade e experiência de sentido

Com seu conceito do princípio da sincronicidade, Jung ofereceu uma base de compreensão a partir da qual as áreas anteriormente separadas – psique e matéria – pudessem ser vistas em sua relação. No princípio da sincronicidade, Jung viu pela primeira vez uma indicação empírica da existência de um *unus mundus*, como ele o denominou de acordo com a tradição da filosofia natural – incluindo a alquimia –, que designa *um só* mundo no qual tudo está interconectado (OC 8/3, § 917).

"O problema da sincronicidade me tem ocupado há muito tempo", escreve Jung,

> sobretudo a partir de meados dos anos de 1920, quando, ao investigar os fenômenos do inconsciente coletivo, deparava-me constantemente com conexões que eu não podia simplesmente explicar como sendo grupos ou "séries" de acasos. Tratava-se, antes, de

> "coincidências" de tal modo ligadas significativamente entre si, que seu encontro "casual" representa um grau de improbabilidade que seria preciso exprimir mediante um número astronômico (OC 8/3, § 843).

Jung define sincronicidade como eventos que se correlacionam temporalmente, mas que não são percebidos como ligados entre si por uma relação causal, mas sim por uma afinidade de sentido inesperada.

Como exemplo mais conhecido disso, ele menciona uma experiência em sua prática. Uma paciente, com uma atitude bastante racional, mas com certo bloqueio emocional, contou-lhe um sonho no qual ela ganhava de presente um escaravelho dourado. Só esse sonho já causou grande surpresa e espanto nela. Além disso, quando, ainda durante a discussão sobre o sonho, um inseto semelhante voa até a janela da sala de tratamento – um besouro de rosas, o parente europeu mais próximo do escaravelho egípcio – e o Jung o deixa entrar, ela foi arrebatada por esse encontro. Jung pega o besouro com a mão e o entrega para ela dizendo: "Aqui está o seu escaravelho" (OC 8/3, § 972).

Esse encontro significativo e sincrônico de sonho e realidade externa abala o ponto de vista puramente racional da paciente e, por meio da experiência de sincronicidade, lhe proporciona a intuição de que há um significado por trás desse encontro de eventos com afinidades de sentido. A partir daí, algo começa a se mover em sua análise.

Mas por que Jung, afinal, se interessava por isso? Por que nos interessa, sobretudo, refletir sobre a sincronicidade – como também refletiram repetidas vezes outros representantes da psicologia profunda, por exemplo, Theodor Seifert, chegando a publicações especiais sobre o assunto? (cf. Seifert & Seifert, 2011; Bolen, 1989; Peat, 1989; Bloch, 2020). Eu ouso apresentar a tese de que, no fundo, trata-se da questão de saber se é possível reconhecer sentido nos acontecimentos que nos são atribuídos, esperados de nós, e que anteriormente se chamavam "fatídicos". Para a questão de saber se há sentido nas condições "fatídicas" de nossa vida, a ideia de uma sincronicidade entre psique e físico, entre âmbito psíquico e material, é relevante.

Assim como a relação entre corpo e psique é particularmente importante para entender os processos psicossomáticos – uma interação que também poderia ser observada de uma perspectiva sincrônica –, parece que a interação sincrônica, a interligação entre a realidade psíquica e a material, é de especial relevância na conexão com descoberta de sentido na vida de todos nós. Em correspondência com isso, eventos sincrônicos geralmente ocorrem em contextos de fortes abalos psíquicos e intensas emoções, incluindo encontros inesperadamente felizes. "Acaso?", perguntamo-nos. Mas, às vezes, acasos aparentes se constelam com tanta frequência e de maneira tão impensavelmente peculiar que, pela nossa emoção, não podem mais ser apenas acasos habituais. Como, então, entender esses eventos? Sem dúvida, parece-nos algo inquietante quando, por exemplo, ao estudar o antigo mito sumério de Inanna (cf. Ferguson, 1997), de repente uma rajada de vento passe pelas folhas espalhadas e leve embora, irrecuperavelmente, justamente a folha de texto que fala sobre como a radiante e divina Inanna, por impulso próprio, decide um dia descer ao submundo para lá encontrar sua irmã – e, exatamente nesse momento, a milhares de quilômetros de distância, uma amiga próxima, também uma personalidade radiante, cai da bicicleta, inconsciente, por causa de um acidente vascular cerebral.

Embora isso nos pareça sinistro, temos a impressão, sob tais conexões, de que se trata não mais apenas de um "destino cego", mas quase de um destino ordenado. E considerar isso possível nos permite perceber um sentido superior, atribuído por trás desse evento, que, em última análise, não nos dificulta, mas de alguma forma facilita aceitar tais destinos. A hipótese da sincronicidade é capaz de, em última instância, consolar aqueles que se deixam convencer por ela. Esse é o valor de vida contido nela.

Para C.G. Jung, é importante, nesse contexto, enfatizar, por um lado, a contingência a-causal no encontro de eventos imprevisíveis, uma contingência que não pode ser explicada por nenhum outro nexo de eventos, mas, por outro lado, reconhecer sobretudo a conexão de sentido semelhante entre os dois eventos – como a relação de significado entre aquela parte no mito de Inanna, sobre a descida da radiante deusa ao submundo, e a simultânea queda daquela mulher, que desce da altura de um sucesso profissional para o estado de deficiente física numa cadeira de rodas. Até mesmo o papel do vento, que arranca a página significativa do mito de Inanna e a leva para o mar, poderia ser considerado aqui, pois ele tem uma qualidade claramente física, à qual se associa uma rica simbologia ligada à dinâmica, ao espírito e ao sentido.

Jung fala de sincronicidade quando se depara com uma ordenação de tais eventos complexos independentes do princípio da causalidade, ou seja, a-causais, que, no entanto, se comportam semelhantemente entre si no que concerne ao sentido. Ele fala deles como atos criativos, que são, cada um, causa de si mesmo.

Mas o que – ou até mesmo quem? – ordena esses eventos complexos? Se em Leibniz ainda se fala de uma harmonia preestabelecida, e em Schopenhauer de uma "vontade" ordenadora e suprapessoal – ambos os filósofos influenciaram Jung –, para ele, no entanto, se trata, nesse contexto, de campos de força arquetípicos que tanto constelam o acontecimento psíquico quanto o físico, e que podem ser postos em relação entre si na direção do mesmo sentido.

Quando falamos de "arquétipos", ou seja, de "formas originárias", de estruturas fundamentais das representações e ações humanas, então, pelo menos no sentido de Jung, não estamos nos referindo a "imagens arquetípicas" já moldadas, mas entendemos por arquétipos, primeiramente, os próprios operadores ordenadores, os organizadores dinâmicos da realidade, não apenas da realidade psíquica, mas também da realidade física. Jung escreve numa carta a Pauli, de 24 de outubro de 1953 (ele já contava com 78 anos e o tema continuava a interessá-lo profundamente):

> Tanto a psique quanto a matéria são, como "matriz", em e por si mesmas um X, ou seja, uma incógnita transcendental, portanto, conceitualmente inseparáveis, ou seja, praticamente idênticas e apenas secundariamente diferentes como aspectos distintos do ser (Meier, 1992, p. 125-129).

Ele segue concluindo:

> A substância do psíquico inclui, entre outras coisas, os arquétipos psicoides. O arquétipo tem, empiricamente, a propriedade de se manifestar não apenas psíquica e subjetivamente, mas também física e objetivamente, ou seja, ele pode eventualmente ser demonstrado como um acontecimento interno psíquico e, ao mesmo tempo, um evento externo físico. Considero esse fenômeno um sinal da identidade da matriz psíquica e física (Meier, 1992, p. 125-129).

Já em 30/11/1950, ou seja, três anos antes, Jung escreveu algo em sentido semelhante a Pauli:

> Procuro a explicação para isso na verdadeira natureza do arquétipo, que, por vezes, anula a constância do princípio causal e, por meio da contingência, assimila um ao outro um processo físico e um psicológico. Pode-se descrever esse evento sincrônico como uma propriedade da psique ou da massa [ou seja, da matéria, I. R.]. No primeiro caso, a psique encantaria a massa, no segundo, ao contrário, a massa encantaria

> a psique. Portanto, é mais provável que ambos possuam a mesma propriedade, ou seja, que ambos sejam, num nível profundo, contingentes e, sem se preocuparem com suas próprias determinações causais, se sobreponham. Outra possibilidade é que nem a massa nem a psique possuam tal propriedade, mas sim que esteja presente um terceiro fator que lhes deve ser atribuído; um fator que pode ser observado no campo da psique e a partir dele [...] (Meier, 1992, p. 64).

Jung coloca um ponto de interrogação após essas ideias nas duas cartas para Pauli, pois ele está constantemente se certificando se os termos que ele aplicou experimentalmente também são usados corretamente no sentido da física, mesmo que ele os utilize aqui exclusivamente para uma descrição comparativa de processos psicológicos.

Pauli responde amigavelmente – vemos que ele sorri nas entrelinhas –, dizendo que Jung emprega os conceitos físicos às vezes realmente mais como imaginações ativas ou imagens oníricas... No entanto, essas considerações formais não poderiam nos fazer negligenciar a importante afirmação de Jung de que a vivência da sincronicidade contém sempre algo como um momento "numinoso". E que a emocionalidade que está associada a isso, sim, a comoção, constituiria um fator essencial dessa experiência. Voltarei a isso mais adiante.

As ideias de Jung sobre sincronicidade, portanto, não permaneceram as mesmas desde o início, mas mudaram e tomaram forma no diálogo com Pauli; mas aqui não posso entrar em detalhes sobre as considerações específicas que pertencem ao âmbito da física quântica (cf. Meier, 1992, p. 125-129, Carta de 24 out. 1953).

No símbolo fala o mundo

Nos eventos de sincronicidade, trata-se, portanto, segundo Jung, de dois eventos, o do campo de ação psíquico e o do campo de ação físico, que estão conectados, principalmente por uma afinidade de sentido. Todavia, para perceber essa afinidade de sentido entre os eventos, é necessário, em minha opinião, um órgão humano para o sentido, que é próprio de tais acontecimentos sincrônicos. É preciso um órgão que seja capaz de perceber o sentido que conecta ambos os eventos, um órgão, por assim dizer, para o simbólico, e também é necessária uma "atitude simbolizante", como é chamada essa orientação correspondente (cf. Kast, 2013).

Quando C.G. Jung afirma, em seu ensaio sobre o arquétipo da criança, que "no símbolo fala o *próprio* mundo" (OC 9/1, § 291), isso significa, em primeiro lugar, que também na expressão psíquica que o símbolo constitui, não fala apenas a psique, mas também justamente "o mundo", o material do mundo, ao qual a psique dá sentido e significado ao emprestar linguagem ao sentido vinculado ao mundo. Temos, portanto, no símbolo – no *symbállein* dos opostos – na coincidência de contrários – uma segunda possibilidade de conexão entre psique e mundo, que é de grande relevância sobretudo na psicoterapia: no trabalho com sonhos, fantasias, imaginações, imagens e na atitude simbolizante frente às situações de vida em geral. Como entender isso?

Vamos tentar, por um momento, chegar a um acordo sobre o que é um símbolo. Não existe símbolo sem matéria, sem corpo material, com o qual ele significa algo, um corpo que ele por assim dizer anima e cujo significado ele revela. Um símbolo é um signo de sentido que estabelece uma conexão entre um fenômeno natural do mundo, como uma árvore, e seu significado psíquico e espiritual, na medida em que o fenômeno botânico da árvore é vinculado, por exemplo, a significados em sentido figurado – como crescimento, árvore genealógica, árvore da vida ou até árvore do mundo – e assim é "animado". Outro exemplo seria o fenômeno natural da lua, cujas diferentes fases podem refletir o processo de vir a ser e de perecer.

Não existe, portanto, símbolo sem um corpo material, assim como a lua é um corpo celeste e a árvore é um organismo vegetal. Tanto a partir do símbolo da lua quanto do símbolo da árvore, fala também o mundo; a verdadeira lua e a verdadeira árvore do mundo exterior – ambas são portadoras de significados múltiplos e figurados. Isso deve ser levado em conta se queremos interpretar símbolos de sonhos ou símbolos que aparecem em imaginações ou em imagens pintadas. Evidentemente, o mundo também fala a partir desses símbolos. O símbolo é, portanto, um corpo vivo, o que está em primeiro plano remete ao que está no plano de fundo, o externo remete ao interno, e o mundo externo, por sua vez, remete ao interno "espaço interior do mundo", do qual também um poeta como fala Rilke (1966, p. 92).

No contexto da frase de que "no símbolo fala o mundo", Jung faz uma de suas asserções mais significativas sobre a conexão entre psique e materialidade, uma afirmação fundamental sobre a origem material dos símbolos, tão essenciais para a psique: "Os símbolos do si-mesmo emergem na profundeza do corpo e expressam sua materialidade tanto quanto a estrutura da consciência discriminadora" (OC 9/1, § 291)[14].

Tentemos entender essa frase com precisão: os símbolos do si-mesmo, como cristal, círculo e esfera, surgiriam, portanto, nas profundezas de nossa consciência corporal, de nosso si-mesmo corporal como uma totalidade delimitada, à qual nós mesmos somos inerentes; surgiriam com base nos padrões das nossas estruturas cerebrais, sobre as quais repousa nossa vivência do si-mesmo e toda nossa autoeficácia. A neurociência atual sabe muito mais do que se sabia na época de Jung sobre como a estrutura do nosso cérebro, ou as possibilidades perceptivas nela ancoradas, determinam ou selecionam fortemente nossa visão, a capacidade de apreensão da realidade exterior. Neurocientistas como, por exemplo, Gerald Hüther (2014, p. 24s.) confirmam totalmente o "poder das imagens internas", que determinam nossa percepção da realidade, e descrevem analogias entre os padrões de projeção do nosso cérebro e a ideia de Jung sobre os arquétipos

14. Agora também existem novas considerações a respeito desse tópico no campo da neurociência.

moldados e moldadores. Jung também vai longe em sua especulação intuitiva sobre a base material da psique e a natureza psíquica da matéria: assim, ele diz simbolicamente na imagem do modelo estrutural da psique, ao qual se referem nossas reflexões de hoje: "'No nível mais inferior' ... a psique é simplesmente 'mundo'" (OC 9/1, § 291).

Este é um pensamento ousado de Jung, que também pode ser relacionado com os questionamentos atuais da pesquisa cerebral sobre a conexão entre cérebro e mente. Matéria e mente não parecem ser duas coisas distintas, mas sim diferentes modalidades da mesma energia e talvez até sejam devidas à mesma "informação cósmica" ou "informação quântica", como os físicos Thomas Görnitz e Brigitte Görnitz as chamam em seu livro *Der kreative Kosmos* (2007), certamente inspirados por essa ideia a partir da correspondência entre Wolfgang Pauli e C.G. Jung. Nossa psique, sustentada pelo cérebro, participa, portanto, dos processos químicos universais e, em última instância, da substância única do mundo, como Jung pondera:

> As "camadas" mais profundas da psique vão perdendo com a escuridão e fundura crescentes a singularidade individual. Quanto mais "baixas", isto é, com a aproximação dos sistemas funcionais autônomos, tornam-se gradativamente mais coletivas, a fim de se universalizarem e ao mesmo tempo se extinguirem na materialidade do corpo, isto é, nas substâncias químicas. O carbono do corpo é simplesmente carbono (OC 9/1, § 291).

Isso significa nada menos que a matéria, como o mundo exterior aparentemente objetificável, e a psique, como o mundo interior aparentemente imaterial do sujeito, estão inextricavelmente ligados e pertencem, em última instância, ao *continuum* da única realidade do mundo, o *unus mundus*.

Por outro lado, é um interesse premente de muitos contemporâneos hoje, na fase tardia de uma consciência ainda determinada pela divisão entre sujeito e objeto, ir além dessa polarização da consciência e alcançar, por meio da teoria do conhecimento, por um lado, e dos caminhos de experiência místico-meditativa, por outro, acessos vivenciais à chamada realidade única do mundo único, à "realidade unitária" do *unus mundus*, sobre a qual, além de Jung, também Erich Neumann soube especular de forma impressionante, por exemplo, em sua palestra no Eranos "A psique e a transformação dos níveis da realidade" (Neumann, 2007, p. 52-92).

Retornemos à frase de Jung de que o mundo fala por meio do símbolo e vejamos sua continuação: "Os símbolos do si-mesmo surgem na profundeza do corpo e expressam sua materialidade tanto quanto a estrutura da consciência discriminadora" (OC 9/1, § 291). Portanto, símbolos do si-mesmo, por exemplo esfera, círculo e cruz (Riedel, 2002), surgiriam da experiência do corpo, da vivência inconsciente de ser um único e um todo, mas também da vivência das funções de movimento, do estar deitado e de pé, de um cruzamento que se condensa na cruz e às vezes causa dor... A partir da experiência de cruzamentos no corpo, como as da espinha dorsal e dos ombros, por exemplo, poderia surgir a estrutura da cruz, também como símbolo. Nas pinturas rupestres da Idade da Pedra, a cruz já está presente como símbolo do ser humano. Naturalmente, subjacentes a tudo isto estão as estruturas arquetípicas gravadas em nosso cérebro. O círculo e a cruz expressam, nesse sentido, o modo de construção organicamente organizado na materialidade de nosso corpo, sua constituição. Porém, o fato de ocorrerem essas simbolizações de uma realidade orgânica bastante complexa, ou de uma experiência muito complexa dentro dessa realidade, tem a ver com a estrutura de nossa consciência perceptiva. Ao mesmo tempo, é claro, os símbolos e as imagens, que devem sua origem à estrutura dessa nossa consciência perceptiva, remetem de volta ao corpo, ao mundo material.

Portanto, nos símbolos, o mundo fala. Interior e exterior, exterior e interior pertencem inseparavelmente um ao outro. O que nomeamos "corpo", o que nomeamos "alma" – pelo menos assim nomeamos durante séculos – são duas formas de percepção da mesma realidade. Portanto, o símbolo do si-mesmo – que reflete o cosmos e se defronta com ele, como algo que também pertence a ele – consiste, por sua vez, nas estruturas do mundo que ele simboliza, por exemplo, mediante uma estrutura quádrupla de cruz no círculo que o envolve.

"O símbolo é o corpo vivo, *corpus et anima*", continua Jung, vendo-o como um organismo vivo que constantemente nasce de novo das profundezas do inconsciente: "Por isso, a 'criança' é uma fórmula tão adequada para o símbolo"

(OC 9/1, § 291). Não devemos esquecer que Jung descreve essa ideia sobre o símbolo, sobre a relação entre psique e matéria, de forma notável no ensaio "Sobre a psicologia do arquétipo da criança". A criança aqui é, portanto, um arquétipo ou um símbolo de novas e invencíveis possibilidade e realidade de vida, um símbolo que ressurge constantemente do arquétipo; e ela é, ao mesmo tempo, uma fórmula para o que o símbolo em geral é, ou seja, uma criança do inconsciente dada à consciência. Nesse sentido, o símbolo tem matéria, *corpus,* uma substância moldada num corpo concreto, junto a uma alma, anima, com cuja carga de significado ele se vincula numa unidade. O símbolo da criança está fortemente ligado e relacionado com a realidade concreta da criança, com todo o mundo da criança. Certamente compreendemos tanto mais esse símbolo quanto mais compreendemos a criança real no mundo lá fora, quanto mais temos referência à criança que um dia fomos, com a criança interior, que está em relação com a criança divina invencível. Assim, o símbolo – como a atitude simbolizadora diante das coisas, dos fenômenos do mundo – dá significado e sentido aos processos no mundo e permite reconhecer as sincronicidades por meio de uma atitude simbolizadora.

A borboleta tardia, que em novembro busca o calor da minha casa e entra voando exatamente no momento em que estou organizando as pinturas em batik da minha amiga falecida, para quem a borboleta também era, em suas obras, o símbolo da ressurreição por excelência – a borboleta, pelos padrões humanos, não sabe nada sobre isso, tampouco entende imagens ou símbolos –, mas eu, com minha atitude simbolizadora, que vê conexões de sentido até no aparente acaso, reconheço uma ordem sincrônica, conectada por um significado comum: os cabelos arrepiam de perplexidade diante desse encontro, como se a borboleta me desse um sinal da minha amiga falecida – ou como se o cosmos, no qual ela entrou, me enviasse um sinal de que agora ele a contém, de modo que sua energia ou, melhor dizendo, a informação complexa que ela foi e é, não se perdeu na vastidão do cosmos, mas se comunica comigo, salta agora sobre mim, juntamente com minha perplexidade e comoção.

No entanto, pergunto-me criticamente: A sincronicidade não é, antes de tudo, uma experiência da nossa consciência humana – e possivelmente não mais do que isso –, sobretudo quando nossa consciência, por meio do contato com o inconsciente, adquiriu uma atitude simbolizadora? E será que o evento sincrônico é realmente tão destacado de todos os outros nexos dos eventos, como Jung descreve repetidas vezes? Os nexos dos eventos não precisam mais ser pensados apenas de maneira causal, como era o caso na época em que a causalidade era indispensável até para a visão física do mundo, mas hoje podem ser considerados, em campos da física quântica, como ordenados, por assim dizer, de maneira arquetípica, como Jung o vê.

Um tal nexo a-causal não poderia, em última instância, determinar a realidade? Os eventos vivenciados como sincrônicos precisam realmente cair tanto fora do nexo geral, como se fossem atos isolados de criação? Sob essa perspectiva, não seria mais apropriado entender toda a realidade do mundo como um único e contínuo ato de criação?

O bando de pássaros que pousa diante da casa de um moribundo – Jung relata esse exemplo – não sabe nada, segundo o padrão humano, sobre o significado simbólico que os acompanhantes do moribundo lhe atribuem (em conformidade com antiquíssimas tradições simbólicas da humanidade), mas a atitude simbolizadora dessas pessoas percebe o encontro simbólico entre a evasão do pássaro da alma de um moribundo e essa reunião de pássaros escuros, e, com isto, ganha uma experiência de que a morte talvez não se deva apenas ao acaso cego, mas a um arranjo supraordenado. Isso leva a uma intuição de sentido nesse evento aparentemente absurdo. Trata-se, como dito, do significado existencial, do significado simbólico da experiência de sincronicidade, que se torna importante para nós sempre que corremos risco de perder a orientação por causa de um evento assustador, quando o medo ou o choque ameaçam nos dominar.

Outras pessoas, por sua vez, que não têm nenhuma referência ao simbólico, provavelmente não teriam notado o bando de pássaros nem a borboleta, e muito menos associado ao moribundo. Será que, apesar disso, os pássaros e as borboletas teriam aparecido nessa situação? Pode-se supor que sim, pois eles aparecem naquele momento em seu próprio contexto de vida.

Parece-me que a percepção de sincronicidade, ou seja, do encontro significativo e da ordenação de eventos não causalmente relacionados, não é apenas pontual, mas sim sempre fundamentalmente possível. Aqui, eu me diferencio da visão de Jung, que queria entender esses eventos como completamente destacados do nexo de outros eventos. Um fator em nossa consciência criador de sentido e reconhecedor de sentido, justamente simbolizador, poderia possibilitar a percepção correspondente: há um arquétipo do sentido como uma constante antropológica do vivenciar, do reconhecer e do representar que está gravado em nós, seres humanos, por meio do qual podemos experienciar o nexo dos acontecimentos na realidade.

Acima de tudo, a forte emoção, sempre associada a processos arquetípicos, acompanha a constelação das sincronicidades e talvez seja, de fato, a condição de sua possibilidade. Para mim, os "núcleos" arquetípicos da psique carregados de energia parecem agir – falo deliberadamente por meio de uma metáfora – como um campo magnético e atrair o semelhante em sentido. Não poderia, por exemplo, uma emoção forte como o medo, o assombro ou até mesmo a esperança ser uma "condição de possibilidade" para perceber a sincronicidade e – em alguns casos – até mesmo para desencadeá-la? A emoção surge, como o símbolo, nas profundezas do corpo e é capaz de gerar símbolos que emergem do inconsciente e superam a oposição de estados de ânimo e experiências, uma emoção que é o núcleo energético dos símbolos, enquanto estes representam algo como recipientes e condensações pictóricas da emoção. Em torno da emoção original, poderia então se formar, segundo essa ideia, uma espécie de "campo magnético" psicoenergético capaz de atrair emoções e simbolizações com sentidos iguais, afins. Por fim, nessa linha de pensamento, um campo simbólico poderia se constelar, dentro do qual a sincronicidade ocorre e pode ser percebida.

Minhas próprias indagações sobre a concepção de sincronicidade de Jung e minha expectativa quanto ao seu possível desenvolvimento estão, portanto, igualmente relacionadas tanto ao papel das emoções no surgimento de eventos sincrônicos quanto ao papel de uma atitude simbolizadora na sua percepção. Resta perguntar se os eventos sincrônicos realmente precisam ser vistos como destacados de todas as outras sequências de eventos, ou se um arranjo a-causal de campos arquetípicos, analogamente ao modo de ação dos campos da física quântica, é o que, de fato, constitui na Terra uma capacidade de entrar em contato com a realidade e sua eficácia, a qual apenas não percebemos o tempo todo, para a qual nem sempre estamos suficientemente atentos.

A partir do tópico sobre a sincronicidade e seu significado até mesmo para as questões de sentido em nossa vida, a posterior indagação a respeito do mundo interior nos conduz não raro a uma necessidade religiosa, como uma das constantes antropológicas para C.G. Jung. Sigamos agora também essa misteriosa pista.

5
A imagem de Deus como experiência interior

Origens de uma nova psicologia da religião

A missão religiosa de Jung

A imagem de Deus e suas transformações, a necessidade religiosa de maneira geral, pertencem aos grandes temas que Jung passou a investigar cada vez mais a partir da meia-idade.

Após seu desligamento de Freud e de sua concepção de psicanálise, na qual a religião aparece como uma ilusão, Jung passou por uma crise interior, que desencadeou nele uma torrente de imagens e diálogos internos, por meio dos quais ele também buscou enfrentar essa crise psíquica. As figuras imaginadas foram transformadas por ele em figuras pintadas, inicialmente esboçadas nos chamados *Os Livros Negros* (Jung,

2021) e depois cuidadosamente organizadas como num antigo códice de iluminura em seu *Livro Vermelho* (Jung, 2015). Não menos reveladores do que as imagens são os diálogos internos ali registrados que ele tem, por exemplo, com Gilgamesh ou – como também foi chamado – com Izdubar, como um símbolo de Deus da antiga Suméria.

Ouçamos como a missão de abrir um novo acesso à religião é dada a Jung, numa conversa com sua alma, no *Livro Vermelho*:

> [Eu]: Meu Deus! Como devo fazer isso?
>
> [Alma]: Não seja tão pusilânime. Ninguém o sabe tão bem como você. Não há ninguém que saiba proclamá-la tão bem como você (*Livro Vermelho*, p. 55)[15].

Uma pessoa fica assustada ao ouvir o que sua alma exige dela. É tranquilizador que o próprio Jung também se assuste: "Mas você não está pensando que devo publicar o que escrevi?" – ele se refere aos *Livros negros*, os cadernos de notas manuscritos, publicados em inglês em 2020. E continua: "Isso seria uma desgraça. E quem iria compreendê-lo?" (*Livro Vermelho*, p. 55).

Mas justamente isso parece ser o que sua alma exige dele: transmitir e tornar compreensível o escrito. E ele começa a transferir para um códice aquilo que viu e experimentou interiormente durante essa grande crise psíquica; um códice que ele elabora meticulosamente do ponto de vista da caligrafia

15. Nesse ponto Jung menciona que essa tarefa lhe foi passada no *Livro Negro* (vol. 7, p. 92c). A respeito dessa tarefa religiosa a Jung, cf. OC 11.

e da iluminura, o chamado *Livro Vermelho* – também no intuito de conter o fluxo das imagens interiores. No entanto, ele não conseguiu decidir, em vida, se deveria publicá-lo: "Quem iria compreendê-lo?" Contudo, como o que lhe foi descortinado em diálogos internos e imaginações constitui a "matéria-prima para a obra de uma vida inteira" (*Memórias*, p. 176), como ele mesmo diz, considerou-se, também por motivos científicos, apropriado e justificável publicar a obra 50 anos após sua morte, em 2009[16].

Ela é tudo menos uma obra científica. O que está escrito ali é o que foi vivenciado, sofrido, proveniente de um abalo profundo em toda a pessoa Jung, junto com todas as suas concepções religiosas – uma torrente de pensamentos e imagens, como uma erupção que irrompe dele, que só pode ser acessada quando também as vivenciamos emocionalmente, ou melhor, imaginativamente. Justamente os símbolos de Deus de Jung e suas transformações podem ser vivenciados por nós, leitores e leitoras atuais, apenas num processo imaginativo com ele, na evocação de nossas possíveis experiências próprias com uma imagem de Deus, por exemplo, a de que o Deus de nossa infância ou o Deus da tradição cristã não nos sustentou mais em certos momentos de nossa vida – e nos deixou, inicialmente, com vazio e empobrecimento psíquico. "Deixar de ser cristão é fácil", diz sua alma a Jung em uma situação assim. "Mas e depois?" (*Livro Vermelho*, p. 55).

16. A primeira edição apareceu em 2009 em inglês e alemão.

Jung passou por uma prova de fogo psíquica com a destruição das antigas imagens de Deus de maneira muito imediata. Após a separação de Freud, por volta de 1912, para quem, como já mencionado, a religião era uma ilusão – embora mais tarde ele tenha revisto isso de maneira distinta –, a questão da religião se apresentou de nova forma para Jung, filho de um pastor reformado. O fator decisivo para a ruptura com Freud foi, como é bem conhecido, o fato de que Freud não podia aceitar o conceito de libido de Jung e sua compreensão da mitologia, que Jung havia tratado de maneira aprofundada em *Símbolos da transformação* (OC 5).

A relação entre psique e religião, ou seja, temas da psicologia da religião assumiram, durante o período de criação do *Livro Vermelho*, a partir de 1915, uma importância cada vez maior no trabalho de Jung, a começar por seu seminário de 1925 em Cornwall (cf. *Seminários sobre psicologia analítica*, de 1925). Para ele, parecia cada vez mais adequado desenvolver uma psicologia das experiências religiosas, como ele mesmo as conhecia, em vez de transmitir, por exemplo, uma revelação religiosa. Assim, também no seminário mencionado, ele começa a descrever psicologicamente como experiências numinosas foram inicialmente apreendidas e relatadas como imagens, como símbolos vivos pelas pessoas afetadas, antes de serem mais tarde fixadas nos dogmas das religiões organizadas. O interesse principal de Jung aqui era examinar a função psíquica e o significado dos símbolos religiosos. Shamdasani, o editor do *Livro Vermelho*, salienta nesse contexto que, ao lidar com as experiências pessoais de Jung, é crucial que a psicologia analítica não ceda à tentação de se tornar ela mesma um credo (*Livro Vermelho*, p. 56). Mas precisamente isso poderia ocorrer hoje, caso retirássemos de seu contexto as asserções isoladas de Jung sobre religião no *Livro Vermelho* e as declarássemos como sua opinião válida – sem levar em conta que elas só podem ser compreendidas no contexto de todo o processo de experiência e conhecimento descrito aqui.

Naquela época, Jung – como muitos – foi influenciado por *Assim falou Zaratustra*, de Nietzsche (2021)[17], incluindo seu postulado de que Deus está morto: a antiga imagem de Deus judaico-cristã, pelo menos, já não era mais viva. A linguagem arrebatada e patética de Zaratustra – assim como o tom solenemente arcaico da Bíblia – influenciou o gesto linguístico de Jung no *Livro Vermelho*: é, à sua maneira, um gesto linguístico profético.

Uma diferença em relação a Nietzsche, no entanto, é a ênfase de Jung na psique como espaço de experiência do numinoso e, com isso, o postulado de que deve ocorrer um renascimento de Deus na alma – no sentido de Mestre Eckhart (cf. Niles, 1987, p. 27-43) ou até mesmo da gnose (cf. OC

---

17. A declaração de que Deus está morto aparece pela primeira vez em *Gaia ciência* (aforismo 125). Ali, Nietzsche proclama poderosamente a morte de Deus e, em *Zaratustra*, cria uma figura igualmente impressionante que espalha a mensagem da morte de Deus. Para a relação de Jung e Nietzsche, cf. Parkes (1999, p. 205-228, Klein (2021, p. 50-59), Arzt (2015) e Bishop (1995); cf. tb. *O Zaratustra de Nietzsche: II Notas do seminário dado entre 1936 e 1939: Volume 2.*

12), que conhecem um Deus que nasce na alma e que une todos os opostos. Este novo Deus, que poderia unir todos os opostos até então irreconciliáveis, foi inicialmente chamado de Abraxas por Jung.

Acima de tudo, porém, Jung queria que a tradicional imagem judaico-cristã de Deus, caso ainda se mostrasse viva, fosse radicalmente transformada e complementada: com o simbolismo do material, do feminino e do escuro, com muitas coisas antes vistas como más (OC 11/1, §§ 1-168, § 107). Em seu entendimento, a imagem divina teria sempre surgido da experiência do ser humano com o numinoso, uma experiência que não seria comparável a outras experiências com objetos do mundo e, portanto, não seria objetificável em nenhum sentido. De seu grande interesse pelo significado da religião, Jung havia adquirido, ao mesmo tempo, um vasto conhecimento da história das religiões e de sua simbologia, à qual também pode agora se referir – de maneira imaginativa – em sua própria discussão a respeito.

Os deuses – uma fantasia

Como o homem ocidental, por meio de seu pensamento objetivante e racional-científico, corre o risco de perder seus deuses, mesmo que ele talvez tente reencontrá-los nas religiões do Oriente, é algo mostrado por Jung no encontro de seu eu imaginativo com um símbolo muito antigo de Deus, Gilgamesh, que anteriormente também era chamado de Izdubar – o semideus sumério, o homem-touro (Ilustração 36 no *Livro Vermelho*). Reproduzo aqui uma parte dessa imaginação de 8 de janeiro de 1914, de forma resumida, na qual o eu imaginativo de Jung encontra Izdubar (Primeiro Dia, Cap. VIII):

Na terceira noite, aparece no cume da montanha rochosa, sob um poderoso estrondo da montanha inteira, Izdubar, que Jung assim descreve:

> De sua enorme cabeça saem dois chifres de touro. Uma armadura preta e tilintante cobre seu peito. Sua barba negra está agrisalhada e enfeitada com pedras preciosas. Na mão traz o machado brilhante de dois gumes, com o qual se abatem os touros. Antes de me haver recuperado do grande susto, o portentoso estava diante de mim, e eu vejo seu rosto: é pálido, amarelado e profundamente amedrontado. Seus olhos escuros, em forma de amêndoas, encaram-me admirados (*Livro Vermelho*, p. 247).

A ilustração nº 36 de Jung no *Livro Vermelho* mostra a figura gigantesca de Izdubar com todos os atributos mencionados, diante de um fundo azul, repleto de serpentes aladas, enquanto no chão, na parte inferior da imagem, onde também Izdubar se encontra, se vê um monte de crocodilos, pequenos em comparação com ele. Porém, absolutamente minúsculo, não maior do que a palma da mão de Izdubar, quase invisível aos seus pés na terra, aparece o ser humano, o eu de Jung.

> Eu: "Ó Izdubar, o mais poderoso, poupa minha vida e perdoa o fato de eu, verme, ter-me colocado em teu caminho".

> Iz: "Não exijo tua vida. Donde vens?"
>
> Eu: "Venho do Ocidente".
>
> [...]
>
> Iz: "O sol afunda naquele mar? Ou toca ele, em seu ocaso, a terra firme?"
>
> Eu: "O sol se põe muito além do mar".
>
> Iz: "Além do mar? O que existe lá?"
>
> Eu: "Lá não há nada, espaço vazio. A terra é redonda e gira, além disso, ao redor do sol".
>
> Iz: "Maldito, donde te vem tal conhecimento? Então não existe em lugar nenhum aquela terra imortal, onde o sol entra para renascer? Falas a verdade?"
>
> Seus olhos flamejam de raiva e medo. Dá um passo trepidante para mais perto. Eu tremo (*Livro Vermelho*, p. 247s.).

Quando o eu de Jung, na imaginação, também fala sobre a infinitude do espaço, no qual nunca poderemos alcançar o sol, Izdubar é tomado por um medo sufocante (*Livro Vermelho*, p. 248). Chegar à imortalidade, alcançar o sol, é seu desejo mais profundo. Isso se revela irreal. Desesperado, ele destrói seu machado com um poderoso e estridente golpe contra a rocha.

Todo o conflito entre a visão de mundo científica e a mítica é escancarado. Quem entre nós não teria, um dia, visto a mentalidade científica arrancar a confiança infantil num Deus todo-poderoso, capaz de nos proteger e guiar?

Izdubar desaba, soluça como uma criança e fica estendido no chão, como se destruído. A verdade científica tem o efeito de um veneno sobre ele.

> Iz: "Tu chamas o veneno de verdade? [...]Não dizem também nossos intérpretes dos astros e nossos sacerdotes a verdade? No entanto, ela não atua como veneno" (*Livro Vermelho*, p. 249).

E continua:

> Iz: "Existem então dois tipos de verdade?"
>
> Eu: "Parece-me que é assim. Nossa verdade é aquilo que nos vem a partir do conhecimento das coisas externas. A verdade de vossos sacerdotes é aquela que vos advém a partir das coisas internas" (*Livro Vermelho*, p. 250).

"Isto foi uma palavra salutar" (*Livro Vermelho*, p. 250), Izdubar pode admitir, enquanto se endireita parcialmente. Ele e seu interlocutor estão sentados à beira do fogo na fria noite; o eu imaginativo de Jung também está tremendo de frio. Por fim, Izdubar pergunta:

> Iz: Não tendes mais deuses então?"
>
> Eu: "Não, só temos ainda as palavras".
>
> [...]
>
> Iz: "Nós também não vemos os deuses, mas cremos que existem. Reconhecemos sua atuação nos acontecimentos naturais".
>
> Eu: "A ciência tirou-nos a capacidade de crer".
>
> Iz: "Também isso perdestes? Como viveis então?" (*Livro Vermelho*, p. 251).

Jung passa a longa e fria noite inteira com Izdubar, pois sente a necessidade de estar ao lado do Deus enfermo: "E eu o senti novamente como certeza de que minha vida seria partida ao meio se não conseguisse curar meu Deus" (*Livro Vermelho*, p. 259). Aqui surge a questão que leva Jung à crise: Como vivemos sem deuses, sem símbolos para o respeito diante do que nos transcende, que nos envolve e abriga? Sua vida ameaçava se partir no meio, se ele perdesse Deus para sempre.

Na noite junto ao fogo, onde o eu imaginativo de Jung e o decaído Izdubar se aquecem mutuamente, sem encontrar uma solução para seu dilema, Jung finalmente diz:

> Eu: O coração me sangra quando penso que devo abandonar-te aqui sem ao menos haver tentado a última coisa por ti (*Livro Vermelho*, p. 260).

Mas o que é essa última coisa que Jung, diante do Deus abatido, tem em mente? É a tentativa de provocar uma reanimação do Deus, uma reanimação por meio da imaginação. Um pensamento criador! Porém, também aqui surge uma consideração crítica:

> No fundo, estou convencido de que Izdubar não é real no sentido comum, mas uma fantasia. [...] Não vai querer aceitar que ele seja uma fantasia, mas afirmará que é bem real e que só poderá advir-lhe ajuda de modo real: contudo, pode-se tentar este meio. Por isso vou interpelá-lo e lhe dizer (*Livro Vermelho*, p. 260).

E é o que Jung faz:

> Eu: "Meu príncipe, poderoso, ouve: tive uma ideia que talvez traga a salvação. Estou pensando que tu não és real, mas apenas uma fantasia".
>
> Iz: "Sinto arrepios por causa desses teus pensamentos. Eles são mortíferos. Queres declarar-me irreal / – depois que me paralisaste miseravelmente?"
>
> Eu: "[...] Não preciso naturalmente que sejas totalmente irreal, mas apenas tão real quanto uma fantasia. Se pudesses aceitar isto, muita coisa estaria ganha".
>
> Iz: "O que se ganharia com isso? Tu és um demônio atormentador".
>
> Eu: "Digno de compaixão, eu não quero atormentar. A mão do médico não quer atormentar, mesmo quando ela faz doer. Não poderias aceitar o fato que és uma fantasia?"
>
> Iz: "Ai de mim! Em que magia queres sufocar-me? Isto ajudará se eu me considerar uma fantasia?"
>
> Eu: "[...] Sabes também que muitas vezes se dá outro nome aos doentes para curá-los, pois com o novo nome recebem uma nova natureza. Teu nome é tua natureza".
>
> Iz: "Tens razão. Isto o dizem também nossos sacerdotes".
>
> Eu: "Portanto, queres admitir que és uma fantasia?"
>
> Iz: "Se isto ajuda – sim!" (*Livro Vermelho*, p. 261).

O que Jung está fazendo aqui? O fato de ele equiparar a essência deste Deus a uma "fantasia" provavelmente não poderá convencer de imediato nesta formulação. Torna-se mais convincente quando ele, mais tarde, chama o Deus de "símbolo" e desenvolve com mais precisão o que é um símbolo e em que consiste sua realidade e eficácia. Ao falar de uma imagem de Deus como um símbolo, ele, sem dúvida, a relativiza em sua objetividade, mas não em sua eficácia. Ao contrário, um símbolo divino tem uma intensa eficácia na alma de uma pessoa crente, mas também na alma coletiva de uma cultura. E mesmo onde fosse conscientemente reprimido, ele continuaria a atuar, segundo a visão de Jung, no inconsciente coletivo de todos os membros dessa cultura.

No entanto, agora o próprio Izdubar parece convencido de que pode ser revivido se for, ao menos inicialmente, levado a sério e declarado verdadeiro como uma fantasia. Reconhecendo isso, ele se dirige a Jung.

> Iz: "Isto foi um golpe de mestre. Para onde me levas?"
>
> Eu: "Vou levá-lo para a terra do Ocidente. Meus compatriotas vão alegrar-se em poder receber uma tão grande fantasia" (*Livro Vermelho*, p. 261).

O comentário de Jung a respeito:

> Este mundo palpável e visível é uma das realidades, mas a fantasia é a outra das realidades. Enquanto deixarmos o Deus visível e palpável fora de nós, ele é incarregável e sem esperança. Mas se transformarmos o Deus numa fantasia, estará em nós e leve de se carregar (*Livro Vermelho*, p. 264).

E Jung realmente o leva agora até a casa dos homens.

Como o mito de Gilgamesh/Izdubar – embora saibamos que é um símbolo – chegou e é aceito também por nós no Ocidente é algo que vivencio em pessoas de hoje, como um casal de amigos, por exemplo, que faz do mito de Gilgamesh – que inclui a amizade única de Gilgamesh com Enkidu – o plano de fundo simbólico significativo de sua própria amizade. Uma artista que conheço bem criou, após a morte de seu querido amigo também artista, um ciclo de pinturas inspirado no ciclo de lamentação de Gilgamesh pela morte de seu amigo Enkidu.

As pessoas de hoje para quem Gilgamesh tem algum significado se surpreendem quando, na continuação da leitura do *Livro Vermelho*, descobrem que Jung, em sua imaginação, termina transformando Izdubar, considerado uma fantasia, num pequeno ovo e o enfia desrespeitosamente no bolso como uma pedrinha, supostamente porque ele seria grande demais para passar pela porta de entrada da casa das pessoas em sua forma original. Essa concepção também representa, na verdade, uma ruptura na imaginação de Jung, pois Izdubar, como fantasia, teria passado por qualquer porta de casa, por mais baixa que fosse.

Jung mais tarde percebe essa incongruência ao dizer a Aniela Jaffé, sua colega de trabalho, que algumas de suas fantasias, incluindo a de Izdubar, haviam sido impulsionadas pelo medo – o medo de perder seu Deus para sempre... No entanto, ele sentia que teria falhado se não tivesse tentado de tudo para salvá-lo. Algumas dessas fantasias, no entanto, eram uma conexão "infernal" entre o sublime e o ridículo (*MP*, 147s.; cf. nota 114 do *Livro Vermelho*, p. 263).

O Deus saído do ovo

Por outro lado, a ideia de uma possível transformação do Deus em ovo deve ser levada muito a sério e está profundamente enraizada no "tesouro da humanidade" da história das religiões (Jung). É um tema mitológico amplamente difundido, que marca o novo começo de um desenvolvimento divino, o renascimento do Deus.

No entanto, é muito grandioso simplesmente colocar um deus, como um ovo, no bolso. Como num movimento contrário a essa forma pouco reverente – como ele próprio vai percebendo – de lidar com um Deus, ocorre, na imaginação ativa subsequente, uma devota incubação desse ovo. Assim, Jung fala consigo mesmo:

> Por isso não fales e nem mostres o Deus, mas senta-te num lugar ermo e canta as encantações de acordo com a maneira bem antiga:
>
> Coloca diante de ti o ovo, o Deus em seu princípio,
>
> E contempla-o,
>
> E com teu olhar de calor mágico, choca-o (*Livro Vermelho*, p. 265).

Agora, Jung, em seus cânticos ao chocar o ovo, conecta a concepção cristã natalina do nascimento da criança divina, também entendida como uma fantasia, à concepção hinduísta oriental de um nascimento do Deus a partir do ovo.

Assim, o Jung imaginativo, ao originar uma nova imagem de Deus, liga as tradições oriental e ocidental. Para isso, ele criou no *Livro Vermelho* uma série de imagens, uma sequência de tapetes de oração, nos quais predominam as solenes cores vermelho e ouro. Com isso, ele deseja, ao mesmo tempo, representar e celebrar a cura de Izdubar, como exemplo de um Deus que se renova (série de figuras 50-64).

A letra da canção para a primeira imagem da série (Ilustração nº 50 de Jung), que está integrada à composição da imagem e caligraficamente elaborada, é a seguinte (com minhas inserções explicativas entre parênteses):

> O Natal chegou [cristão]. O Deus está no ovo [oriental]
>
> Estendi para meu Deus um tapete [tapete de oração oriental?], um tapete vermelho e muito valioso do Oriente [um eco dos sábios do Oriente?].
>
> Que esteja cercado pelo brilho da magnificência de sua terra oriental.
>
> Sou a mãe, a serva pura que concebeu e não soube como [Jung, como falante deste verso, entra no papel materno de Maria].
>
> Eu sou o pai cuidadoso que protege a serva.
>
> Eu sou o pastor que recebeu a mensagem, quando apascentava seu rebanho
>
> durante a noite em pastos escuros (*Livro Vermelho*, p. 266).

Jung está presente em todas as figuras de sua imaginação, que simultaneamente correspondem às figuras da história cristã do Natal; todas elas são aqui uma parte dele mesmo.

A emoção elevada que acompanha os cânticos na incubação do ovo chega a um fim abrupto. De modo quase chocante, como tantas vezes no *Livro Vermelho*, há uma queda de humor, com explosões de autodesprezo, mas também de *hybris*. É como uma enantiodromia aos cânticos, quando o Eu diz aqui: "Nada restou dos deuses a não ser um ovo. E este ovo, eu o possuo" (*Livro Vermelho*, p. 271).

Após uma nova mudança brusca de emoções, finalmente ocorre a "abertura do ovo" (cap. XI) (*Livro Vermelho*, p. 273), que novamente acontece com grande reverência. É como se cada emoção forte gerasse a emoção oposta: para Jung, os opostos, durante o período em que ele está exposto a essas imaginações, ainda não estão de forma nenhuma interligados. Mas agora ele pode se ajoelhar novamente:

> À noite do terceiro dia, ajoelhei-me novamente no tapete e abri cuidadosamente o ovo. Qual fumaça isto saiu de dentro, e de repente está Izdubar de pé diante de mim, enorme como um gigante, transformado e perfeito. [...] É como se ele despertasse de um sono profundo. Falou:
>
> "Onde estou? [...] Onde estava eu? Eu era todo sol" (*Livro Vermelho*, p. 273s.).

Portanto, seu anseio por sol e imortalidade se realizou. Na mitologia, Izdubar, como Deus, é associado ao deus Sol. O período de atuação e o renascimento de Izdubar seguem o padrão clássico do mito solar. Ele está aqui ligado ao pôr do sol e ao nascer do sol no mar, ao ovo solar, do qual o deus Sol emerge – assim como vemos o sol surgir e se pôr no mar a cada dia, como um ovo dourado.

Jung leu muito sobre mitologia e sabe que as figuras mitológicas em suas imaginações também brotam desse conhecimento, que continua a atuar no inconsciente, de modo que elas também emergem da "memória cultural", como a chamamos hoje.

Em sua imaginação, a cena termina assim: "E quando eu imaginei que havia prendido o Forte e segurado no côncavo da mão, era o próprio sol" (*Livro Vermelho*, p. 274).

De maneira notável, que beira a inveja, uma inveja deste Deus solar que ressurge, na imaginação seguinte Jung reage a essa descoberta maravilhosa, quando escreve:

> Eu viajei para o Oriente, para o nascente do sol. Eu mesmo queria nascer como se fosse o sol. Eu queria agarrar o sol e com ele subir para o dia resplandecente. [...] Mas enquanto ele nasce, eu chego ao ocaso. Enquanto eu sujeitava o Deus, sua força fluía para mim. Mas enquanto o Deus descansava no ovo e esperava seu começo, minha força passou para ele. E enquanto se erguia reluzente, eu estava prostrado sobre meu rosto. [...]Como uma parturiente terrivelmente dilacerada e sangrando sopra sua vida sobre o recém-nascido [...] assim jazia eu, a mãe do dia, uma presa da noite. Meu Deus me dilacerou horrivelmente, bebeu a seiva de minha vida, bebeu para dentro de si a máxima força de meu amor e tornou-se magnífico e forte como o sol, um Deus curado [...] Tirou-me a asa [...] deixou-me impotência e lamúrias (*Livro Vermelho*, p. 275).

Que estranho "ou isto-ou aquilo" se apresenta para ele aqui! "Ou meu Deus ou eu!", é assim que isso soa. O que isso pode significar para Jung? Sem dúvida, é um problema antiquíssimo na história das religiões entender, conceber como é o *vis-à-vis* de Deus e ser humano – se é que há realmente um *vis-à-vis*, se é que o homem não se dissolve em Deus, não está contido nele, de modo que seria necessário falar de uma eficácia universal, sim, de uma eficácia exclusiva de Deus, o que implicaria também na falta de liberdade da vontade humana, como faz Lutero e muitos outros. Mas, por outro lado, como no hinduísmo, no culto de Mitra, mas também na mística cristã, isto pode levar à ideia de um parentesco divino do homem, uma unidade de essência do ser humano com o divino. Por outro lado, que o homem contenha Deus, que o próprio homem seja o criador, gerador e inventor de Deus é um pensamento que ficou reservado para a modernidade, principalmente para Nietzsche, com a última consequência: Deus está morto.

Como dito, Jung foi profundamente impactado pelo *Zaratustra*, de Nietzsche, mas ele lida de maneira diferente com a ideia da morte de Deus (cf. Klein, 2021), pois, movido por um profundo anseio por Deus, busca ressuscitá-lo, inicialmente como uma fantasia, uma imaginação, e finalmente como um símbolo. No entanto, agora ele se depara com o problema – e talvez se fira nesse encontro – de que levar a sério um Deus vivo, uma imagem de Deus, sempre significa se entregar a ele. Pois os antigos símbolos divinos transmitidos não são nada mais do que uma ilustração e personificação de forças reais que excedem o ser humano e às quais ele se deve, quer sejam as forças da natureza, do cosmos, quer seja a energia da própria vida. Quando Jung tenta reanimar os antigos símbolos de Deus com o "olhar de calor mágico" (*Livro Vermelho*, p. 265), ele deve levar a sério sua eficácia, o que ele faz em suas encantações. Ele tem êxito quando, como ele próprio diz em certo ponto, deixa o homem diante de Deus e Deus diante do homem, sem misturá-los.

Contudo, no trecho que se segue à abertura do ovo, Jung se sente, por demais, o criador do Deus, o qual, assim que ressuscita como Deus, retoma para si todo o poder criador e deixa o homem vazio – um conflito que Jung não pode resolver nessa parte do *Livro Vermelho*, o que o torna angustiado e desnorteado, levando-o até mesmo no próximo trecho, a uma queda no inferno.

O Cristo interior

Jung retorna ao cristianismo na seção "A divina loucura" (*Livro Vermelho*, cap. XIV, p. 291s.). Mas vale perguntar: as experiências e conhecimentos que ele obteve com a figura do relativamente distante homem-deus sumério Izdubar também se aplicam à figura divina cristã, ainda viva para muitos de seus contemporâneos e à fé correspondente? O eu imaginativo de Jung se encontra agora numa biblioteca, onde paira o cheiro de vaidade erudita, e pergunta exatamente pelo antigo livro devocional cristão de Tomás de Kempis, *A imitação de Cristo* (*Livro Vermelho*, p. 291), gerando devida surpresa no bibliotecário. Jung afirma que não o procura por interesse científico, mas espiritual, pois foi "escrito com a alma", e enfatiza: "Com o cristianismo não chegamos ao fim, se simplesmente o colocarmos de lado. Parece-me que há mais nisso do que vemos" (*Livro Vermelho*, p. 292).

Sim, ele confessa: "O divino quer viver comigo. Minha recusa é em vão. Perguntei ao meu pensar, e ele falou: 'Tome um modelo que te mostre como se deve viver o divino'" (*Livro Vermelho*, p. 293s.).

Jung se torna ainda mais específico: "Nosso modelo natural é o Cristo. [...] Lutávamos contra o Cristo, nós o depúnhamos e nos sentíamos vencedores. Mas ele permanecia em nós e nos dominava. [...] Tu podes perfeitamente abandonar o Cristo, mas ele não te abandona" (*Livro Vermelho*, p. 294).

Mas que não se entenda mal Jung aqui: trata-se, pra ele, de uma compreensão totalmente nova de Cristo:

> Se quiser entender de fato o Cristo, devo considerar como Cristo viveu realmente sua própria vida e que não imitou ninguém. [...] Se eu, portanto, seguir verdadeiramente o Cristo, não sigo a ninguém, não imito ninguém, mas trilho meu próprio caminho [...] (*Livro Vermelho*, p. 294).

Na *Nox secunda*, segunda noite (*Livro Vermelho*, cap. XV, p. 295) o Eu imaginativo de Jung está na cozinha ao lado da biblioteca e mostra à cozinheira o livrinho emprestado *A imitação de Cristo*, que ela também conhece, como muitos católicos devotos ainda conhecem desde sua mãe e com o qual rezam. Ela também se surpreende que alguém como Jung queira ler algo assim. Nesse momento, seu olhar recai sobre uma passagem do livro: "O propósito dos justos mais se firma na graça de Deus, na qual confiam em tudo o que empreendem, do que sobre sua própria sabedoria" (*Livro Vermelho* p. 296) – uma frase que o faz refletir sobre "a bela forma" com a qual os cristãos manejam "o método intuitivo", pois confiar na graça de Deus é algo que ele aparentemente entende como um método intuitivo (*Livro Vermelho*, p. 297). Quando ele se põe a perguntar se não deveria imitar os cristãos nesse ponto – eles começam a lhe parecer atraentes –, um rumor o envolve, como se fossem batidas de asas de grandes aves, surgem pessoas como sombras, um burburinho de vozes se torna audível, ele ouve palavras como: "Adoremos no templo" e "Estamos indo a Jerusalém para rezar no túmulo mais sagrado" (*Livro Vermelho*, p. 297). São "anabatistas", ou seja, figuras sombrias do antigo cristianismo fanático, que subitamente se lançam sobre ele, revelando-se como mortos que não encontram paz porque não haviam chegado ao fim com suas vidas. "Tu o sabes?", pergunta um deles a Jung, enquanto, inquietantemente, tenta agarrá-lo. Jung, afastando-o, responde: "Solta, demônio, tu não viveste o teu animal" (*Livro Vermelho*, p. 298). Jung acredita que o cristianismo reprimiu o aspecto animal, instintivo, dos seres humanos, que agora deseja e precisar viver. Este é o motivo da inquietação desses mortos. Jung começa a tremer tão fortemente nessa cena na cozinha da biblioteca que a cozinheira chama o médico e a polícia.

Após esta cena crítica, também irônica, Jung resume: "O problema da loucura é profundo. A loucura divina – uma forma mais elevada da irracionalidade da vida que flui em nós – ainda assim loucura que não deve ser incorporada à sociedade hodierna" (*Livro Vermelho*, p. 300).

Ele conclui essa seção com as palavras: "Eu abandono o espírito desse mundo, que odiou o Cristo até o fim, e passo para aquele outro reino alegre – tremendo, no qual reencontro o Cristo" (*Livro Vermelho*, p. 301).

O próprio Jung chama esse tipo de imaginação, que se assemelha a um ritual, de "peça de mistérios". No seminário de 1925, cuja transcrição foi publicada sob o título discreto *Psicologia analítica*, ele reflete criticamente sobre essas experiências e as explica:

> Quanto mais estas imagens são compreendidas, tanto mais você é dominado por elas. Quando as imagens vêm a você e não são entendidas, [...] você não está mais na sociedade humana, porque você não consegue exprimir-se. Só quando você puder dizer: "Esta imagem é assim e assim" [isto é, quando você consegue interpretá-la, I.R.], só então você permanece na sociedade humana (*Seminários sobre psicologia analítica*, p. 139).

Por isso é tão importante entender e moldar esses processos internos. Assim, Jung pode, posteriormente, situar sua experiência no contexto do mistério de Mitra e, com isso, interpretá-lo com base na história das religiões. Assim, ele não se identifica mais com ela, nem está mais dominado por ela. No entanto, o profundo conteúdo experiencial dessa imaginação continua importante para ele: "Neste mistério [...] você se transforma no vaso e você é um vaso de criação no qual os opostos se reconciliam" (*Seminários sobre psicologia analítica*, p. 139). No processo de transformação que estava vivendo na época dessas imaginações e que registrou no *Livro Vermelho*, Jung se via como nada menos do que um vaso, no qual, juntamente com ele próprio, a imagem de Deus também se transformava. Na obra posterior, Jung tratará da questão da imagem de Deus mais em conexão com seu conceito de si-mesmo, que por vezes é confundido com a imagem de Deus, embora se trate de um conceito que se refere à totalidade do ser humano. Contudo, na época da criação do *Livro Vermelho*, Jung ainda não tinha uma concepção amadurecida do si-mesmo. No entanto, esse termo para a totalidade de uma pessoa, que Jung utiliza para designar o abrangente, algo que vai muito além da consciência do eu de uma pessoa, representará uma analogia ao que significa a imagem de Deus, como símbolo do grande todo da realidade. Voltarei a isso.

Uma nova psicologia da religião

Para Jung, a totalidade de Deus inclui, em última instância, todas as imagens de Deus da história das religiões, que conhecemos em maior ou menor grau, muitas das quais ele vivificou através do "olhar de calor mágico" (*Livro Vermelho*, p. 265), para si e para nós, desde os primeiros deuses sumérios, como Gilgamesh/Izdubar, passando pelos egípcios, desde o escaravelho até as mais elevadas figuras do culto ao sol. Ou, na área do Mediterrâneo, desde as divindades da Grécia Antiga até as dos cultos de mistério tardios, como o de Mitra. No entanto, uma influência especial foi adquirida pelas concepções hinduístas, já no *Livro Vermelho*, como as de Atman e Brahman, nas quais a participação essencial do homem no divino é especialmente salientada, e a ideia da totalidade, à qual pertence todo o existente, é central. Jung também dedica à revivificação de antigas divindades várias de suas imagens pintadas no *Livro Vermelho*, como aquela impressionante de "Atmavictus – o 'sopro da vida'" (*Livro Vermelho*, p. 325, nota 222, ilustr. 121). Nessa forma inicial, "Atmavictus, o velho" retirou-se da criação, como diz a legenda da ilustração de Jung (*Livro Vermelho*, p. 329, nota 231), para então retornar em muitas formas como um grande símbolo de transformação da divindade.

Como símbolo do divino, para o qual, segundo a tradição alquímica, a busca incessante de cada ser humano é dirigida: é assim que Jung também compreende a "pedra, de aspecto fascinante" (*Livro Vermelho*, p. 329, nota 229), semelhante a uma mandala, que ele cria na Ilustração 121: no interior como diamante indestrutível, no exterior como uma flor desabrochada – um símbolo da totalidade desenvolvida de uma pessoa no espaço e no tempo e além do espaço e do tempo. O mandala, de modo geral, torna-se cada vez mais para ele, ao longo de sua obra, o símbolo válido para a totalidade.

Portanto, há muitas imagens do divino em Jung – e isso diante da proibição bíblica de imagens, de criar uma imagem de Deus, proibição que sempre foi especialmente apreciada na Igreja reformada, de onde vem o pai de Jung, que era pastor! Contudo, a meu ver, podemos satisfazer a proibição de criar uma imagem fixa de Deus não apenas por meio da ausência de imagens, mas também ao povoar o céu, ou seja, ao introduzir numerosas imagens. Pois somente muitas imagens, e não apenas uma, podem indicar os inúmeros aspectos, e em última instância incontáveis aspectos de Deus e, por fim, se aproximar de sua totalidade, que transcende, ao mesmo tempo, cada uma das imagens.

De resto, Jung, quando fala como psicólogo, sempre se refere aos símbolos divinos como a única coisa que podemos afirmar sobre Deus do ponto de vista psicológico. Mas quando ele tem, em suas imaginações, por exemplo, experiências próprias com um Deus simbolizado nelas, Jung pode se dirigir diretamente àquele que lhe aparece, como no caso de Izdubar. Mesmo quando fala sobre experiências com Deus como experiências pessoais, ele pode falar sobre "Deus". Isso ajuda a explicar algumas incoerências na maneira de Jung se expressar ao lidar com o tema da imagem de Deus, como no *Livro Vermelho*, mas também em sua obra posterior, por exemplo, em seu livro *Resposta a Jó* (OC 11/4, §§ 553-758).

No entanto, Filêmon, o companheiro interior de Jung no *Livro Vermelho*, foi quem lhe ensinou o segredo de acolher hospitaleiramente os deuses que um dia caminharam na Terra: "Que segredo, porém, me dás a entender, ó ΦΙΛΗΜΩΝ [Filêmon], com teu nome? Tu és realmente o amoroso que certa vez acolheu os deuses peregrinantes pela terra [...]" (*Livro Vermelho*, p. 359). Isso nos faz lembrar a lenda clássica de Filêmon e Baucis, das *Metamorfoses* de Ovídio, que também foi incluída no *Fausto* de Goethe: Aqui, Filêmon se tornou um "hospedeiro dos deuses", que acolheu os deuses quando todo o povo lhes negou abrigo. A esse respeito, Jung diz a Filêmon no *Livro Vermelho*:

> Tu és aquele que, sem o saber, deste acolhida aos deuses [...] então os
>
> deuses se deram a conhecer a seus pobres hospedeiros que ofereciam a última
>
> coisa que tinham. Portanto eu vi que o amoroso vive para além, e que é ele que
>
> dá pousada aos deuses sem saber que eram deuses (*Livro Vermelho*, p. 359s.).

Se eu puder usar esta imagem: Jung também poderia ter sido um "hospedeiro dos deuses". Ele via a alma humana como uma "casa dos deuses", onde eles entram e saem. Ele os recebia com boas-vindas. "*Vocatus atque non vocatus, Deus aderit*" [Invocado ou não invocado, Deus estará presente] está escrito sobre a porta de sua casa em Küsnacht. Sabendo bem que os deuses são símbolos, ele reconhecia cada vez mais, no desenvolvimento de seus conceitos, que os símbolos representam realidades, são vasos da realidade que eles transmitem. Eles são imagens de sentido daquilo que exerce efeito; eles dão sentido.

De resto, há, no contexto do budismo, um paralelo histórico-religioso até hoje relevante para o que Jung experimenta e cria com a formação de símbolos em suas imaginações: o budismo, que como tal não conhece mais uma imagem de deus, tornou-se no ambiente espiritual do Tibete um generoso hospedeiro e anfitrião para os antigos deuses, que provêm principalmente da antiga religião Bon das montanhas do Himalaia. Os antigos deuses tibetanos, que no budismo não têm mais uma realidade objetiva, são visualizadas pelos meditadores como simbolizações de forças emocionais com efeito real, furiosas e benevolentes, ou seja, são assim imaginadas, para que eles possam tomar parte em suas forças. Penso aqui, por exemplo, nas forças misericordiosas e sábias da Tara Verde e da Tara Branca. Imaginar e dar forma a essas grandes imagens simbólicas do divino, seja no efêmero mandala de areia seja na mais duradoura *thangka*, e meditar sobre essas imagens, é considerado no budismo tibetano um método profundo e digno de veneração. Portanto, algo comparável nos foi apresentado por Jung com seu modo de imaginação e criação de símbolos divinos. Trata-se de uma reverente abertura para o patrimônio e a memória culturais da humanidade, que pode colocar o indivíduo num grande, abrangente nexo de sentido, que acolhe sua solidão existencial, como a religião sempre fez. De certo modo, o *Livro Vermelho* tem traços proféticos, na medida em que traz uma nova visão sobre a religião, uma psicologia da religião, mas não uma nova religião em si. Nele, Jung vê a religião como um todo, no sentido de uma psicologia profunda da religião, que está constantemente recriando seus símbolos a partir do inconsciente coletivo, mas ao mesmo tempo permanece em contato com o inconsciente cultural da humanidade e também, portanto, com seus símbolos religiosos transmitidos. Essa visão poderia também ser relevante para o diálogo inter-religioso atual e vivificá-lo intensamente, se as pessoas se dispusessem a adotar essa visão simbólica.

A língua materna da religião é a linguagem simbólica. Onde a experiência espiritual está viva, ela se expressa em imagens e histórias, enquanto a conceitualidade racional e a fixação dogmática correm o risco de perder o contato com a experiência viva. A experiência viva com o inconsciente está por trás do *Livro Vermelho*, e Jung desenvolveu o método da imaginação ativa a partir de sua própria vivência (cf. Kast, 2016). Desde então, na psicologia analítica, faz parte do trabalho terapêutico prático com pacientes o fato de descobrirmos com ele, muitas vezes de maneira surpreendente, novos acessos à sua espiritualidade por meio da simbologia que lhes vem ao encontro de sonhos diurnos e noturnos, da imaginação ativa e da criação de imagens – como símbolos que podem atribuir sentido, algo que a religião sempre tentou fazer.

A dimensão religiosa como experiência arquetípica

O teólogo Paul Tillich, que também teve contato com C.G. Jung, caracteriza o religioso como "ser tomado por aquilo que me concerne incondicionalmente" (Tillich, 1964, p. 124)[18]. Isso pode ser lido da seguinte forma: o que constitui a qualidade religiosa é *aquilo* que me concerne incondicionalmente, assim como sentir *que* isso me concerne incondicionalmente. Para Jung, a religião é aquilo que nos impulsiona, ou melhor, nos força, como ele diz, "a reagir como uma totalidade" (OC 10/4, § 655)[19].

Tal qualidade religiosa especial pode, por exemplo, estar contida num sonho, mesmo que ele não trate explicitamente de temas religiosos; o sonho precisaria apenas estar associado ao sentimento especial de que ele nos "concerne incondicionalmente", que ele nos desafia, sim, nos força a "reagir como uma totalidade". Por exemplo, um homem da Baviera sonhou, no contexto dos fluxos de refugiados de 2015, sentindo-se profundamente afetado pelos acontecimentos, ao ver as pessoas chegando à estação central de trem de Munique:

> Vejo as famílias da Síria acampando em vastas pastagens, que fazem limite com terras de cultivo, onde muitos fazendeiros estão trabalhando. Lá, vejo como

---

18. "Fé é ser tomado por aquilo que nos concerne incondicionalmente, a base do nosso ser e sentido. A coragem de ser é uma expressão de fé".

19. "*Na experiência religiosa, o homem se depara com um outro ser, espiritual, superpoderoso*", e somente o outro superpoderoso, não importando a expressão de que se utilize, força o ser humano a "reagir como uma totalidade" [ênfase de C.G. Jung].

> as famílias sírias cercam os grandes tocos de velhas árvores derrubadas, que servem como mesas para eles colocarem seus objetos, mas também para comerem, prepararem comida. De repente, vejo que algo vindo das terras de cultivo é entregue para elas. Primeiro, penso que é comida, mas então percebo que são grãos, sementes, sacos cheios de grãos de trigo. E eu intuo: São cereais para, quem sabe, campos que futuramente serão semeados com todos, para, talvez, um pão que será compartilhado entre todos no futuro. "Vocês devem morar conosco aqui e semear e colher em nossa terra", diz uma voz. "A terra pertence a todos nós".

Esse é um sonho que nos deixa perplexos por causa daquilo que "nos concerne incondicionalmente" – a todos nós, juntamente com o homem que o sonhou. O significado suprapessoal, vindo do inconsciente coletivo e apontando para a consciência coletiva, confere a esse sonho uma qualidade religiosa. Quando Jung disse certa vez que tudo o que ocorre no inconsciente coletivo é, por sua natureza, arquetípico, ele estava expressando com isso que todos os arquétipos apresentam certa qualidade numinosa, que se manifesta também na acentuação do emocional (como C.G. Jung escreveu numa carta para Serge Moreux de 20/01/1950) (*Cartas*, vol. 2, p. 150) e assim, na verdade, todos os símbolos arquetípicos – em sonhos, imaginação, mitos e contos de fadas, na literatura como em todas as expressões da arte – têm, em certo sentido, caráter religioso.

Quem pode ter experiências religiosas, diz Jung, tem algo que "se torna uma fonte de vida, sentido e beleza", e ele pergunta ainda:

> Haverá uma verdade melhor, em relação às coisas últimas, do que aquela que ajuda a viver? Eis a razão pela qual eu levo a sério os símbolos criados pelo inconsciente. Eles são os únicos capazes de convencer o espírito crítico do homem moderno. Eles convencem, subjetivamente, por razões antiquadas: são imponentes [...] (OC 11/1, p. 131).

"Imponentes" é uma expressão especialmente forte para descrever a intensidade da emoção que importa aqui.

Numa conversa, Jung falou mais detalhadamente sobre o que pode ser "imponente" para ele:

> Só posso dizer que sou inundado por uma emoção vinda do inconsciente. Ou tenho um sonho extraordinário que ainda me deprime ou me anima durante o dia. É mais forte do que eu; não o criei – pelo contrário, é algo que me aconteceu, algo que se impôs a mim e ao qual sucumbi. E as pessoas sempre chamaram isso de "Deus" (Hinshaw & Fischli, 1986, p. 320).

Aliás, é notável que justamente a neurociência, que procede de maneira puramente empírica, especialmente a vertente que se dedica ao estudo das emoções, a chamada neurociência afetiva, tenha redescoberto e revelado, nos últimos anos, a importância da comoção e da reverência para o ser humano, para sua economia emocional e sua capacidade de relacionamento. A comoção é descrita como uma emoção que, acima de tudo, é provocada pela experiência interpessoal, pela humanidade e pela conexão com os outros, e que, por sua vez, intensifica essas experiências. A comoção aqui é chamada "*kama muta*"[20], termo do sânscrito que destaca a origem ancestral e o enraizamento dessa emoção na cultura humana, enquanto a reverência é, nessa pesquisa internacional, principalmente denominada pelo termo anglo-saxão *awe* (cf. Keltner & Haidt, 2003, p. 297-314). Ela ocorre principalmente na experiência de espanto diante da natureza imponente, por exemplo, a "do céu estrelado sobre mim" (Kant), mas também diante de um vulcão em erupção, juntamente com o medo vinculado a isso.

Para Jung, a reverência e a comoção juntam-se à necessidade de uma resposta, uma responsabilidade por aquilo que me comoveu – Deus? Jung, como psicólogo, não se vê na posição de fazer asserções objetivas sobre a existência de Deus. No entanto, para ele, a experiência religiosa é algo psicologicamente real. Ela promove a integração e a unificação.

---

20. Cf. Fiske e Page (2019) e Fiske et al. (2019, p. 74-86). *Kama muta* é considerada a mais intensa emoção de afeição profunda. Ela é vivenciada em encontros pessoais com outras pessoas, onde traz lágrimas aos olhos, por exemplo, assim como em grupos maiores, especialmente em eventos musicais ou esportivos, mas também em manifestações políticas, e permite que a união entre as pessoas seja vivenciada com extrema emoção. "*Kama muta*" significa "movido por amor e ternura" (Zickfeld et al., 2019, p. 402-424).

Do ponto de vista da experiência, imagens arquetípicas – e a imagem de Deus é uma imagem arquetípica – têm grande significado emocional. Jung usa repetidamente a palavra "numinoso", ou seja, algo comovedor, mas também assustador. Quer dizer, os arquétipos, quando surgem, têm um caráter pronunciadamente numinoso. Consequentemente, esse fenômeno é da maior importância para a psicologia da religião. Pode ter um efeito curativo ou destruidor, mas jamais indiferente [...]. Vivenciar o arquétipo traz "uma *plenitude de sentido* até então considerada impossível" (OC 8/2, § 405). Aqui, Jung também segue a descrição do filósofo da religião Rudolf Otto (2014), segundo o qual, quando se trata de Deus, trata-se da experiência de um *fascinosum* e de um *tremendum*, ou seja, do fascinante e do assustador ao mesmo tempo.

Nas religiões, estão representadas imagens e símbolos arquetípicos que também foram constantemente traduzidos para a linguagem da respectiva época. Um símbolo vivo captura o ser humano emocionalmente, estimula o pensamento e a fantasia e solicita algo dele. "Tem efeito gerador e promotor de vida" (OC 6, § 909). Os símbolos surgem – segundo Jung – da base primordial criativa do ser humano, no qual as forças moldadoras atuam, e que ele entende e denomina como autônomas e, portanto, arquetípicas. O efeito dos arquétipos está, em Jung, fundamentalmente ligado ao estímulo para a formação criadora: da vida em geral e, em última instância, também de si mesmo como ser humano.

O si-mesmo – a base primordial criativa do ser humano

Mas onde e como, na psique, a "descoberta do mundo interior" se manifesta palpavelmente? O mundo interior que é o foco deste livro – e ao qual pertence também a dimensão religiosa. E qual influência ele exerce sobre o nosso entendimento de nós mesmos, sobre nossa orientação no mundo e, por fim, sobre as nossas ações?

Jung descobriu e postulou um centro no ser humano, que chamou de "si-mesmo". Ele é o centro que organiza as diferentes experiências tanto na esfera consciente quanto na inconsciente, centraliza e, a partir dessa base-fonte, libera o potencial criativo no ser humano, sendo capaz de sempre liberá-lo novamente. A partir desse centro também se origina o processo de desenvolvimento psíquico do indivíduo, a individuação, intencionado e provocado pelo si-mesmo. "O si-mesmo é, estruturalmente considerado, o arquétipo da ordem e do autocentramento, e, do ponto de vista dinâmico, é o arquétipo que estimula o processo de individuação" (Kast, 2019a).

O conceito de si-mesmo foi introduzido por C.G. Jung para descrever aquilo que se opõe à consciência do eu, se sobrepõe a ela e se refere à potencialidade, à totalidade maior dessa pessoa. Ao mesmo tempo, ele contém seu núcleo essencial mais íntimo, aquilo que está posto nele e pode ser revelado a partir do si-mesmo. Como totalidade maior e núcleo essencial, o si-mesmo também se revela como o solo psíquico de ressonância para as experiências do numinoso.

Como diz Jung, "Tudo aquilo que o homem supõe constituir, de *per si*, uma totalidade mais ampla, pode tornar-se símbolo do si-mesmo" (OC 11/2, § 232). Para ele, os símbolos do si-mesmo como símbolos da totalidade possível em cada caso não estão distantes dos símbolos da imagem de Deus. "Como já acentuei repetidas vezes, na prática é impossível distinguir entre os símbolos espontâneos do si-mesmo (da totalidade) e uma imagem divina" (OC 9/2, § 73). No entanto, mesmo que o símbolo do si-mesmo, em seus modos de aparição, por vezes se aproxime de uma imagem de Deus, não deve ser confundido com esta. Jung é, antes, contrário à ideia de que "o inconsciente" como tal tenha uma qualidade religiosa, por mais que ele seja o fundamento psíquico de onde, graças à "função transcendente" como formadora de símbolos, a imagem de Deus também possa surgir.

Por outro lado, Jung vê justamente o arquétipo do si-mesmo enraizado, de maneira totalmente real, na fisiologia concreta do organismo, do cérebro. Ele parte da noção de que existe uma analogia entre os processos psíquicos e físicos, e postula que o sistema que organiza esses processos deve estar localizado no córtex occipital:

> A razão que me levou a supor sua localização no córtex occipital foi o fato psicológico de que este arquétipo, em particular, tem o papel de orientador das direções. Os símbolos do mandala aparecem, com bastante frequência, nos momentos de desorientação mental e constituem um fator ordenador de compensação (OC 3, § 582)[21].

---

21. Cf. Alcaro et al. (2017, 9 jan.).

O si-mesmo é, portanto, uma energia ou um campo energético organizadores e ordenadores.

Para Jung, o si-mesmo é a expressão da potencial totalidade de um indivíduo, que este apenas intui pessoalmente – na medida em que sua estrutura do eu e seu sentimento de autoestima permitem; é expressão de uma totalidade da qual ele também não pode estar completamente consciente, porque essa ideia se refere a uma potencialidade que inclui as profundezas inconscientes de sua pessoa, as quais agora são indispensáveis para a integração das seções perturbadas de sua psique.

Portanto, o assim chamado si-mesmo de uma pessoa, para o qual nos encaminhamos na relação terapêutica, inclui partes inconscientes, e a questão central agora é: como posso me tornar consciente delas e de seu potencial de desenvolvimento, se meu objetivo é a totalidade dessa pessoa que se confiou a mim?

O arquétipo do si-mesmo, para Jung, está ao mesmo tempo intimamente ligado à ideia e ao potencial do criativo: "A totalidade", como diz Verena Kast, "pode também ser vivenciada num processo criativo, na contemplação de uma obra de arte, no amor, na experiência da beleza, no estar juto com outras pessoas etc." (2019a). Pode-se entender o si-mesmo também como a base primordial criativa da psique humana. Ao se conectar com seu lado criativo, as pessoas entram em contato com o sistema autorregulador de sua psique. Quando o arquétipo do si-mesmo é vivenciado – geralmente em sonhos ou imagens pintadas, como na forma do mandala –, surge uma sensação de vida do autocentramento, de estar absorvido num todo maior, acompanhada de um impulso irresistível de se tornar criativo, de participar da criação. O verdadeiro impulso que a descoberta do mundo interior desejaria nos dar é o impulso de tornar-nos criativos, de desenvolver tudo o que está intrínseco em nós, de nos moldarmos, a nós mesmos, mas também ao entorno e ao mundo social, e em muitos casos, talvez, até mesmo de transformá-los, justamente de desenvolvê-los por completo. "Por conseguinte, faríamos bem em considerar o processo criativo como uma essência viva implantada na alma do homem" (OC 15, § 115). Nesse sentido, o impulso criativo e o processo que dele surge são quase algo autônomo, mas o ser humano criativo disponibiliza para ele sua disposição pessoal.

Em seu escrito *Sobre a relação da psicologia analítica com a obra artística poética*, Jung se debruça intensamente sobre o princípio do criativo, que estaria arquetipicamente impresso no ser humano (cf, por exemplo, OC 15, § 115). Pela vivificação dos arquétipos, o criativo – como um princípio fundamental da vitalidade – busca se afirmar numa pessoa que se coloca à sua disposição. Assim, o ser humano, sob a perspectiva da psicologia profunda, em seu impulso por moldar a vida, a obra e, sobretudo, num processo de autocriação, é comparado a uma árvore em crescimento, como afirma Jung: "o anseio criativo vive e cresce dentro do homem como uma árvore no solo do qual extrai seu alimento". Da mesma forma, cada pessoa retira seu "alimento" de seus próprios recursos internos, de sua própria natureza física e psíquica, assim como dos recursos de seu entorno e do convívio com os outros. Como isso pode acontecer é descrito por Jung conforme sua própria experiência, quando teve de lidar com uma situação muito inquietante do ponto de vista emocional:

> Na medida em que conseguia traduzir as emoções em imagens, isto é, ao encontrar as imagens que se ocultavam nas emoções, eu readquiria a paz interior. [...] Minha experiência ensinou-me o quanto é salutar, do ponto de vista terapêutico, tornar conscientes as imagens que residem por detrás das emoções (*Memórias*, p. 158)

Uma manifestação e elaboração de tais imagens em grande estilo são apresentadas nas sequências de imagens de Jung sobre o tema "Imagem de Deus" no *Livro Vermelho*, já discutidas acima.

A própria experiência de Jung com imagens internas corresponde à famosa formulação com a qual ele descreveu pela primeira vez, por volta de 1929, o objetivo terapêutico:

> O que viso é produzir algo de eficaz, produzir um estado psíquico em que meu paciente comece a fazer experiências com seu ser, um ser em que nada mais é definitivo nem irremediavelmente petrificado; é produzir um estado de fluidez, de transformação e de vir a ser (OC 16/1, § 99).

Se o ser humano se torna criativo, então se estabelece uma conexão entre o consciente e o inconsciente, levando, assim, a uma superação de atitudes unilaterais da consciência que favoreciam o surgimento de neuroses. Desse modo, Jung enfatiza repetidamente o acesso criativo ao inconsciente.

> O caminho criativo é o melhor para lidar com o inconsciente. Pense, por exemplo, numa fantasia e elabore-a com todas as forças à sua disposição. Elabore-a como se a senhora mesma fosse a fantasia ou fizesse parte dela, como se estivesse elaborando uma situação real da qual não pode escapar. Todas as dificuldades que encontrar em tal fantasia são expressão simbólica de suas dificuldades psíquicas; e na medida em que as dominar em sua imaginação, vai superá-las em sua psique (Cartas, vol. 1, p. 124).

Aqui, Jung revela a prática da imaginação[22], a partir da qual, por exemplo, as emocionantes imagens do *Livro Vermelho* foram criadas por ele mesmo. A esse respeito, Jung diz:

> Trata-se de inspirações; algo que não pode ser comparado ao cauteloso processo do pensamento consciente. Visto por esse ângulo, o inconsciente pode ser considerado como um fator criativo, até mesmo como um audacioso inovador. Mas ao mesmo tempo ele é a cidadela do conservadorismo (OC 16/1, § 62).

Mas por que Jung fala aqui em "conservadorismo"? Porque no inconsciente se mostram também os arquétipos, que remontam à pré-história da humanidade e podem ser observados nas mais antigas pinturas rupestres, como o círculo, a cruz e a espiral como símbolos-base do arquétipo do si-mesmo, ou

22. Para o tópico da imaginação, cf. Kast (2019, 2016), Franz (1958, p. 124-133), Dorst (2014).

também aparecem em imagens primordiais de cunho personalista como contraparte, como a criança divina, o velho sábio, o estranho misterioso, ou também certos animais, como a raposa ou o sapo, ou até mesmo as cores. Quando se fala de arquétipos, "naturalmente não se trata de ideias hereditárias", afirma Jung,

> e sim de uma disposição inata para a criação de fantasias paralelas, de estruturas idênticas, universais, da psique, que mais tarde chamei de inconsciente coletivo. Dei a estas estruturas o nome de arquétipos. Elas correspondem ao conceito biológico do "pattern of behaviour" (OC 5, § 224).

Os arquétipos intervêm "no processo de formação dos conteúdos conscientes, regulando-os, modificando-os e motivando-os" (OC 8/2, § 404). Essas ideias de Jung são altamente relevantes para a prática terapêutica, pois é importante que o analisando possa "penetrar na esfera do inconsciente coletivo. Aí descobrirá o tesouro das ideias coletivas e, depois, as suas próprias forças criativas. E assim se perceberá solidário com toda a humanidade" (OC 16/1, § 64). Jung acredita que esse material do inconsciente coletivo constitui "a matriz sadia e natural da mente humana", com cujo auxílio se chega à "alma da humanidade". E ele enfatiza: "É só nessa base que vamos conseguir renovar a nossa postura e tornar-nos úteis" (OC 16/1, § 65).

O si-mesmo é o arquétipo central que conduz criativamente o processo de desenvolvimento psíquico do ser humano, a individuação. Ele pode ser entendido principalmente como uma dinâmica estrutural, sendo que a estrutura aparece em símbolos da totalidade, e a dinâmica se manifesta numa experiência do tornar-se inteiro, acompanhada pela emoção de se sentir realizado e são.

Na imagem de ser humano de Jung, existem agora diferentes níveis nos quais o si-mesmo pode ser vivenciado. No entanto, por trás de nosso si-mesmo, sempre se encontra o si-mesmo como o ser humano universal dentro de nós, a ideia do ser humano como "o homem redondo, isto é, perfeito, o do começo e do fim dos tempos, origem e meta do homem" (OC 16/2, § 416). Individuação como "tornar-se um consigo mesmo" – como é buscado tanto no processo de individuação pessoal quanto no processo de individuação acompanhado terapeuticamente – significa, segundo Jung, uma conexão profunda, sim, uma união "com a humanidade toda, em que também nos incluímos" (OC 16/1, § 227).

A terceira fase da compreensão do si-mesmo significa que aqui o si-mesmo é percebido em sua conexão com a terra, com o cosmos como o Grande Todo. Na terra, Gaia, todo o cosmos é entendido nesta ideia como um único organismo. O fato de a psique, a alma, ser compreendida como parte do todo é uma ideia filosófica e teológica muito antiga e ganhou uma expressão particular, por exemplo, na mística, seja a de Hildegarda de Bingen ou a de Mestre Eckhart (Riedel, 1994, p. 159; Mestre Eckhart, 1991). Da mística de Bernardo de Claraval, por sua vez, vem a experiência de que "Arder é mais do que saber" (Saur, 1977).

Essa forma de espiritualidade "ocorre na condução da vida concreta, acompanhada por uma emoção arrebatadora". Em relação à tradição eclesiástica, isso significa, segundo Jung: "Qualquer pensador honesto é obrigado a reconhecer insegurança de todas as posições metafísicas, em especial a insegurança de qualquer conhecimento de fé" (OC 11/5, § 764). Todas as imagens de Deus, mesmo as mais amplas, ficam aquém da transcendência absoluta do oni-abrangente, e aqui nos lembramos da instrução do Antigo Testamento de não fazer "nenhuma imagem ou semelhança" de Deus.

Acessos de psicologia profunda à imagem de Deus – perguntas e consequências

Apesar da grande importância da dimensão espiritual na psicologia analítica, não se pode ignorar que, além de todas essas perspectivas, ainda existe o C.G. Jung clínico, que, por exemplo, em sua teoria dos complexos, de maneira alguma permanece na pura comoção (cf. Kast, 2019a). O trabalho com episódios centrais de complexos, que não raro também têm uma conexão com a educação religiosa, é fundamental para a terapia. Pensemos, por exemplo, em complexos de culpa, que podem estar contidos num "complexo de Deus", como Horst-Eberhard Richter descreveu detalhadamente (Richter, 2012). Nunca se pode deixar de dar atenção a isso. O desenvolvimento psíquico de uma pessoa é bloqueado quando uma imagem de Deus estreita e dogmaticamente endurecida ocupa o lugar onde a fonte de uma nova vida poderia estar.

No entanto, Jung escreve numa carta a P. W. Martin, em 28/08/1945:

> O senhor tem razão em dizer que o interesse principal do meu trabalho não está no tratamento das neuroses, mas numa aproximação do numinoso. O fato é que o acesso ao numinoso é a verdadeira terapia e na medida em que se chega às experiências numinosas, há uma libertação da maldição da doença (Cartas, vol. 1, p. 381).

Segundo Jung, o paciente sofre porque não tem amor, tendo no máximo sexualidade, porque está desiludido, por não ter fé, nem esperança, nem conhecimento, porque não vê sentido (cf. OC 11/6, § 499; Frankl, 2019, 2017). Jung expressa isso da seguinte forma: "Aliás não se pode imaginar qualquer sistema ou verdade que tragam ao doente aquilo de que necessita para a vida, a saber, a crença, a esperança, o amor e *o conhecimento*" (OC 11/6, § 500)[23].

Jung também tem algo a dizer sobre as consequências da repressão da necessidade religiosa, já que isso é algo frequente hoje em dia. Ele não considera a religião apenas um fenômeno histórico e sociológico. A necessidade religiosa é, para ele, uma constante antropológica. Embora se possam tirar os deuses do ser humano, este acabará criando novos, até mesmo sistemas sociais e suas figuras centrais que podem se tornar sobrevalorizados e uma religião substituta. Nesse sentido, a atitude em relação à religião como a um "grande todo" também tem

23. Ênfase de Jung.

consequências socioéticas e, em última instância, é de relevância política. A disposição fundamental criativa do ser humano exige uma corresponsabilidade e uma participação na formação também do mundo social e político.

6
Psicologia profunda e nova ética

Corresponsabilidade pelo mundo

Se houvesse um valor supremo que compensasse o maior de todos os esforços éticos, uma força primordial suprema, realmente além do bem e do mal, não seria – pergunto a todos nós! – a vida, sim, a vida mesma? Aliás, segundo Mestre Eckhart, esse é o único verdadeiro nome para Deus: "a vida mesma" (Mestre Eckart, 1979, p. 108). Todos nós queremos viver. Viver plenamente, por óbvio. Mas, acima de tudo: viver! O que serve à vida, corresponde a ela, a promove e a desenvolve – amor pela vida, "biofilia", como Erich Fromm chama essa atitude (cf. Fromm, 1989, p. 331s.) –, corresponderia à necessidade mais profunda de todos os seres vivos. Nenhum superego excessivamente rígido deveria exigir isso; isso corresponderia ao instinto de vida desses seres, à sua vontade de viver, e tudo o que corta, sufoca, impede ou até mata a vida, mesmo que seja na guerra – "necrofilia" é essa atitude de acordo com Erich Fromm, "amor pelo morto" (cf. Fromm, 1989, p. 332-334) – essa atitude contrariaria esse desejo de vida, seja ela tomada de modo consciente, seja de modo inconsciente. Em muitos casos, nós inconscientemente contradizemos o que acreditamos estar vivendo conscientemente, um problema fundamental da ética.

"Reverência pela vida" foi, por exemplo, o lema de Albert Schweitzer (2013), já numa época que não conhecia a bomba atômica e o perigo de uma crescente catástrofe ambiental. O amor reverente pela vida continuou sendo o *leitmotiv* para o psicólogo, psicoterapeuta e sociólogo Erich Fromm: ele viveu o regime nazista, do qual, como judeu, fugiu para os Estados Unidos; e passou pela experiência da Segunda Guerra Mundial, da ameaçadora Guerra Fria que se seguiu, do equilíbrio do terror na dissuasão mútua das potências nucleares. E ainda assim, exatamente por isso: reverência pela vida, amor à vida, que também ele vivenciou e nomeou como o valor supremo.

Não faz muito tempo, testemunhamos o novo jogo de poder criminoso e os gestos de ameaça de dois estadistas eticamente imaturos, Donald Trump e Kim Jong-Un, com o poder destruidor da bomba atômica. Guerras dessa dimensão beiram a destruição de toda a humanidade e seu espaço vital, não sendo de modo algum eticamente justificáveis. Isso pode fazer nos lembrar das palavras de Hannah Arendt, de 1948, sobre Política e Moral, que ela proferiu em memória a um pacifista judeu radical durante a Segunda Guerra Mundial, Juda Leon Margos. Ela escreveu:

> A antiga lenda judaica dos trinta e seis justos desconhecidos, que nunca deixam de existir e sem os quais o mundo cairia em pedaços, diz, em última instância, algo sobre como esse comportamento nobre é necessário no curso normal das coisas. Em um mundo como o nosso, no qual a política em alguns países há muito não se limita mais a infidelidades duvidosas, mas alcançou um novo patamar de criminalidade, a moralidade intransigente, de repente, mudou sua antiga função de [simplesmente, I. R.] manter o mundo unido e se tornou o único meio pelo qual a verdadeira realidade, em contraste com aquela distorcida pelo crime, pode ser reconhecida e moldada segundo um plano (Arendt, 1991, p. 68).

Se a vida é o bem supremo dos seres humanos, então prejudicar a vida de outros seres humanos e até mesmo de outras criaturas é o que mais deve ser rejeitado. E isso inclui matar em guerra. A inibição de um ser humano normal de matar outro é, no fundo, imensa, mesmo no combate contra os chamados inimigos. Uma pesquisa com crianças soldados, que, sob ameaças, são levadas a pegar uma arma na mão para aprender a matar, revela que é preciso submetê-las à violência e à tortura para que levantem um fuzil contra outras pessoas. Isso porque os seres humanos, como todos os seres vivos, têm o chamado "gene cooperativo" (Bauer, 2008), que deseja humanidade entre eles, não desumanidade. No entanto, quando essa inibição é superada, irrompe em muitos uma espécie de êxtase ao matar, uma euforia de poder que pode acometer aqueles que, de uma hora para outra, se veem como senhores da vida e da morte dos outros. Iguais a deuses, por assim dizer, uma forma de autoengradecimento, como Erich Fromm também o nomeia (1989a, p. 175): por meio da destrutividade, da necrofilia, que pode principalmente acometer aqueles que não conhecem a eficácia própria por meio da co-criação, por meio de uma contribuição criativa para a vida, e que nem sequer podem imaginar isso. Isso pode explicar a fascinação do Estado Islâmico (IS), ou seja, o desejo de ultrapassar as capacidades e possibilidades humanas comuns, a normal medida dos seres humanos, especialmente o de um jovem insignificante, através da matança arbitrária de outras pessoas, ainda por cima em nome de Alá. Para não intensificar ainda mais esse autoengradecimento, esse êxtase de poder – já que o risco de contágio é tão grande quanto, em princípio, no suicídio – jornalistas responsáveis por exemplo, Bastian Berbner, do *Zeit*, sob o título "Wir Terrorhelfer" ["Nós, ajudantes do terrorismo"] (2017, 24 de agosto), acreditam que não deveríamos reportar isso de forma tão detalhada na imprensa.

O bem e o mal, para mim, como certamente para a maioria de nós, não são mais forças elementares, como ainda eram nas religiões dualistas, talvez de forma mais marcante na antiga religião persa de Zoroastro. Mas também na tradição cristã, que acreditava não poder passar sem o diabo, havia, por assim dizer, um antideus, que cortejava os seres humanos, tentando seduzi-los para o pior. Uma caracterização de profundo significado e cheia de humor desse Bem e Mal pensados como personificados é atribuída a Hildegarda de Bingen: "Os anjos sempre voam em espirais", diz ela, "o diabo sempre em linha reta"[24].

Hoje vemos que o bem e o mal são postulados e estatutos do ser humano, os quais certamente se baseiam em experiências de convivência correspondentes. Devemos refletir sobre isso hoje, talvez com mais urgência do que nunca, pois a convivência humana, mas também a vida em geral na terra, que depende da corresponsabilidade do ser humano pelo planeta, está em grande perigo. Enquanto falamos apenas do "mal", na verdade nós nos mantemos fora. E quando atribuímos alguma coisa ao efeito do "mal", nossa responsabilidade é, na verdade, limitada ou praticamente inexistente. A concepção de "o mal" restringe, de fato, a responsabilidade do ser humano.

Mesmo quem não acredita em forças suprapessoais malignas, mas que sente e compartilha a responsabilidade pelo todo, percebe diariamente que atitudes e correntes, como o medo e o ódio aos estrangeiros, não se baseiam apenas em decisões totalmente pessoais, mas são correntes coletivas que podem arrastar o indivíduo, fazendo que ele perca sua liberdade de decisão individual. São correntes que se enraízam

---

24. A fonte dessa caracterização, que é atribuída a Hildegarda de Bingen e também é citada com frequência na literatura atual, não é claramente identificável, mas corresponde ao espírito de Hildegarda.

tanto no inconsciente individual e em certas experiências coletivas de vida, como também no inconsciente coletivo. Isso inclui também o medo de uma tribo do deserto de possíveis ataques quando estrangeiros apareciam, embora também não se consiga realmente suprimir a fascinação pelos estrangeiros e pelo estranho.

Evidentemente, a partir da autoexperiência e da psicoterapia, há muito já tomamos conhecimento de uma descoberta básica da psicologia profunda desde Freud, Jung e Neumann: aprendemos sobre o inconsciente pessoal e também o coletivo, que podem tornar o indivíduo menos livre em suas decisões na medida em que ele justamente não está consciente dessa enorme influência. Uma experiência primordial da humanidade na luta pela sobrevivência é que, por um lado, essa luta é acompanhada de agressão e violência, mas, por outro, está principalmente ligada à união e à colaboração, de modo que a sobrevivência do indivíduo não é concebível sem o apoio dos outros.

Do ponto de vista dos principais biólogos atuais, assim como do neurocientista Joachim Bauer (2008), a cooperação é, já no reino animal, muito mais elementar do que o conceito darwiniano de "luta de todos contra todos". A vida – isso deve ter se desenvolvido como o valor mais elevado. A partir disso, por meio da influência de figuras criativas e grandes indivíduos – xamãs, sacerdotes, profetas, sábios –, formaram-se as respectivas concordâncias a respeito do bem e do mal, regras de comportamento que se mostraram eficazes para a sobrevivência: no primeiro estágio, ainda totalmente voltados para o coletivo, para o grupo tribal, onde um era por todos e onde se purificava dos delitos contra todos por meio do ritual do bode expiatório, e onde ataques externos eram respondidos com vingança de sangue e guerras tribais. Num segundo estágio do desenvolvimento moral, o indivíduo passou a buscar cumprir de forma também pessoal as regras e rituais de seu grupo, da tribo, do povo, na medida em que se formou uma consciência moral pessoal que seguia as regras morais que, como ele acreditava, eram dadas por Deus, ou, de qualquer forma, eram preestabelecidas. Isso muitas vezes acontecia por meio da repressão de contracorrentes internas – como pela ascese rigorosa –, o que, no entanto, muitas vezes conferia ao que era reprimido uma energia oposta interna, contra a qual o indivíduo se via impotente. Sentimentos de culpa, autodesvalorização, submissão penitente a Deus, ao sacerdócio e à comunidade eram as consequências. E aqui também, como sempre em naturezas pouco refletidas, se observa uma tendência de repressão do que precisa ser repelido, o que não parecia se encaixar na natureza própria, um perigoso dote: há tanto uma prontidão em projetar essas coisas repelidas em outros nos quais pareciam mais adequadas do que em si mesmo, como também o combate a esse repelido mal neles, um mal que é do próprio indivíduo que o projetou. Quantas coisas não foram projetadas nos ciganos? E nos judeus? E nos refugiados? – Sempre nos estrangeiros!

A "nova ética" de Erich Neumann e o conceito junguiano de sombra

Erich Neumann, de origem judaica, sendo o mais coerente desenvolvedor de uma ética fundamentada na psicologia profunda, que inclui o inconsciente, exige por volta de 1943(!) uma nova ética (Neumann, 1984), um terceiro estágio de desenvolvimento, que não busca mais cumprir um código preestabelecido do bem à custa das necessidades da natureza e da vida, e que também rejeita o caminho insidioso da projeção. Em vez disso, cada indivíduo, em verdadeira aceitação de uma sombra pessoal, busca trazer para a vida os valores que significam vida pessoal para ele, mesmo que ele entre em contradição com alguma moral cristalizada. Trata-se de conquistar um direito de coexistência para a sombra pessoal também. Trata-se de aceitar a sombra numa espécie de amor pelo inimigo.

O risco de contaminação por meio de uma projeção em outros do mal negado em nós mesmos foi tão apaixonadamente analisado por Erich Neumann como por ninguém mais, mostrando como isso gera a devastadora hostilidade entre os povos e a destruição de etnias inteiras. Neumann vai tão longe a ponto de exigir, em vez de uma busca por bodes expiatórios no exterior, até mesmo uma forma de compaixão interna vicária pelo mal no mundo, que sempre tem uma correspondência no nosso próprio mal interior, o qual deve ser aceito e superado como que por meio de amor ao inimigo.

Um dos seus princípios éticos é: "Ao contrário da psicologia do bode expiatório, na qual o indivíduo empurra seu mal para os fracos, aqui ocorre o fenômeno oposto, ou seja, o do 'sofrimento vicário'" (Neumann, 1984, § 364).

O indivíduo assume uma parte da carga do coletivo em sua própria responsabilidade e, por meio de seu trabalho interior de transformação, desenvenena e integra esse mal. Quando há êxito, isso leva a uma libertação interior do coletivo, que pelo menos em parte é redimido desse mal.

E mais:

> Com o problema do sofrimento vicário e da redenção, entramos fundo no âmbito da religião, que se associa indissoluvelmente com a ética. Assim como a aceitação do escuro sempre aponta ao indivíduo a condicionalidade de sua estrutura, a contingência terrena do seu ser e também sua dependência dos impulsos e instintos e o humaniza, assim também o divino vem-lhe ao encontro em figura humana, ou seja, ele não o vivencia na absoluta abstração e no infinito intelectual, mas na finitude relativa dentro de uma revelação real, como voz (Neumann, 1984, § 365).

Como voz interior de sua consciência, ele vivencia o que é bom e o que é mau.

Em relação ao indivíduo, a assimilação da sombra estabelece uma conexão do eu com camadas psíquicas da pessoa que pertencem à chamada "função inferior" e justamente à camada primitiva do ser humano. Por trás do problema moral pessoal do indivíduo, surge o problema moral do coletivo ao qual o indivíduo pertence, e com isso a conscientização de suas falsidades e repressões coletivas, condicionamentos temporais e insuficiências.

A principal tarefa da nova ética é a criação de uma integração. Seu primeiro objetivo consiste em inicialmente perceber as partes dissociadas, hostis ao sistema de vida do indivíduo, fazendo que elas possam ser reconhecidas como reais e passíveis de uma integração. A justaposição de opostos, que preenche o todo do mundo experienciável, não pode mais ser resolvida pela vitória de um lado e pela repressão do outro, mas apenas por meio de um contato entre os opostos, em preparação para uma conexão entre eles.

O mais importante para Erich Neumann parece ser o fato de que, por meio dessa conscientização, a tendência de projeção sobre os outros, que pode se tornar uma espécie de infecção de toda a sociedade, é diminuída. Ele tenta, em seu livro *Psicologia profunda e nova ética*, criar uma integração entre a ética da individuação e a ética global, e isso no ano de 1943, no mais sombrio contexto de guerra, durante a radical perseguição aos judeus por Hitler. É um ato de conscientização e um pensamento não convencional, que merecem grande respeito.

Essencial, especialmente para um tratamento humano do assim chamado mal, me parece ser sempre o conceito de sombra do ser humano criado por C.G. Jung e desenvolvido de forma decisiva por Erich Neumann, sobre a sombra de cada pessoa, especialmente da conscienciosa, que se esforça por uma postura ética e por ações éticas. Esse conceito (cf. OC 9/2, §§ 13-19) não trabalha primariamente com as categorias morais de bem e mal, mas com as representações ópticas moralmente neutras de luz e sombra. Com isso, Jung também recorre a imagens arquetípicas que já eram sagradas para a antiga religião persa de Zaratustra, assim como para os maniqueus e sua gnose. No Extremo Oriente, por sua vez, o daoismo se baseia na oposição e na interação entre luz e escuridão. Enquanto ali essa oposição de Ying e Yang é considerada neutra em termos de valor e necessária à vida, tanto para Zaratustra quanto para os maniqueus, a luta entre luz e trevas é, ao mesmo tempo, uma batalha de forças primordiais com valor ético, ou seja, um combate entre bem e mal.

Mesmo que Jung, por vezes, pareça estar mais próximo da gnose com sua luta pela luz, ele, a meu ver, se vincula mais intimamente com o princípio daoista, o princípio do Dao, ao seguir sua concepção neutra em termos de valor sobre luz e sombra, segundo a qual a sombra só pode surgir onde há luz. A sombra é um produto, um resultado da luz. A sombra só surge onde a luz incide. Aliás, as cores, que tornam a vida colorida, surgem das refrações da luz.

Aplicado ao ser humano, a ideia de luz e sombra significa que a sombra só pode surgir onde a luz incide sobre a figura de uma pessoa real, uma pessoa concretizada e bem definida. Dependendo, portanto, da personalidade definida com a qual estamos na luz e, com isto, também na luz da nossa consciência, a luz lançará uma sombra específica, e assim, os afetados, ou seja, nós mesmos, teremos uma sombra específica. Cada um de nós terá uma sombra própria. Quando transferido para o psíquico, isso poderia significar que, justamente com nossa peculiaridade, nossa postura – suponhamos que ela seja, por exemplo, orientada pelo ideal do amor ao próximo –, lançamos uma sombra totalmente específica, como a que chamamos de síndrome do ajudante, ou seja, o fato de que, para nossa autoimagem, nossa autoestima e nossa autoeficácia, precisamos literalmente que os outros sejam necessitados de ajuda, de modo que também fazemos alguns se sentirem assim, consideramo-los dessa maneira, não sem certo sentimento de superioridade, e talvez até os mantendo numa situação de necessidade por tempo demasiado. Assim, impedimos ou, pelo menos, dificultamos o que seria uma boa orientação, o que seria uma boa terapia, ou seja, dificultamos a ajuda para a autoajuda, como terapia para uma autonomia em base firme. Às vezes, também não conseguimos concluir uma terapia no tempo devido, porque nós mesmos nos apegamos a ela, talvez também ao próprio paciente que se confiou a nós na terapia. Mas, com isso, nós o mantemos em certa dependência, fixando-o na falta de autonomia e, se possível, até somos remunerados por isso.

Com frequência, uma postura que deseja ser amorosa desconsidera inconscientemente os limites do outro, o respeito pela sua vida própria, seu próprio sentido, sua liberdade. De resto, algo semelhante acontece em muitos relacionamentos. Esses são apenas alguns exemplos de como uma postura ética básica pode lançar sua sombra, sem mencionar que todas as formas da síndrome do ajudante tendem a levar os ajudantes a negligenciar o autocuidado, o que pode resultar em sobrecarga e *burnout*, e a culpa disso é, pelo menos às vezes, de novo atribuída aos pacientes.

Este é, portanto, um postulado antropológico de Jung: Toda pessoa lança uma sombra, e a sombra de cada um é própria, correspondendo, como um contraponto, exatamente ao que está na luz, ou seja, o que significa sua postura consciente e sua força. Justamente para alcançá-las, cada pessoa empurra para segundo plano e até mesmo reprime várias coisas que também fazem parte dela, que também querem viver nela. Isso pode até mesmo apunhalá-la pelas costas quando ela, por exemplo, vê outros – muitas vezes ingenuamente, deliberadamente, sem inibições – fazendo aquilo que ela própria, em árduo combate consigo mesma, se proíbe repetidamente, por exemplo, um agir egoisticamente, como ela mesmo o nomeia. Aqui, tendemos a ser os mais implacáveis em nosso julgamento. E esse é provavelmente o cerne do conceito de sombra de Jung: que nós, cada um de nós, tendemos a julgar de forma mais acerbada no outro aquilo que mais rigidamente proibimos a nós mesmos, aquilo que muitas vezes só conseguimos evitar com sacrifício, ou seja, aquilo que também é virulento dentro de nós próprios.

Aqui reside o perigo de uma sombra inconsciente: o fato de que ela nos impulsiona e nos seduz a projetá-la para fora de um certo represamento interno, a fantasiá-la, atribuindo-a aos outros, principalmente às pessoas desconhecidas e que nos parecem estranhas. "Então o estranho já é o mal?", foi uma pergunta que me fizeram recentemente numa entrevista. Para frear a prontidão involuntária de projetar o mal sobre os estranhos – mas também sobre amigos ou até mesmo pacientes – e dar-lhe um basta existe, segundo Jung, apenas uma solução: a conscientização destemida de nossa própria sombra, para então aprender a lidar com ela de maneira consciente, deixá-la coexistir, cuidar dela, tratá-la com inteligência, como um hóspede difícil, mas que também faz parte da família.

Isso implica reconhecer que, na sombra, também existem potenciais não vividos, que talvez tenham sido rejeitados muito cedo, de maneira precipitada ou radical, sob influência do pai ou da mãe, da Igreja ou da sociedade: por exemplo, a capacidade de agressão, assertividade, autopreservação, dignidade, a capacidade de discordar, pertinácia, até mesmo a capacidade de paixão no sentido idealista, artístico, mas também no sentido erótico-sexual. A vida não vivida está na sombra, na nossa própria sombra, mas também na sombra de todos os nossos semelhantes. Isso muitas vezes se torna evidente no estrangeiro, com características diferentes.

Se o Padre da Igreja Agostinho ainda pôde dizer que agradecia a Deus por não ser responsável por seus sonhos (apud Gehring, 2008), podemos ser gratos por saber que somos responsáveis pelos nossos sonhos. Pois, desde Freud, Jung e Neumann, não só podemos reconhecer o que cada um de nós reprime em termos de atitudes rejeitadas e o que também nos pertence e não apenas ao estrangeiro em quem o projetamos, mas também sabemos o que em nós desejaria e poderia viver.

Todo o nosso potencial de uma vida plena se torna visível, perceptível e vivenciável quando levamos em conta as manifestações do nosso inconsciente, não apenas nos sonhos e fantasias, mas também quando elas se tornam visíveis em certos erros de ação. A própria vida deseja se impor. Sempre me lembro daquela mulher profundamente inibida, que nas primeiras horas de nossa terapia não se atrevia a se sentar completamente numa cadeira, porque não se sentia digna daquele lugar, e em vez disso, apenas se equilibrava na beirada da cadeira. Pois, como relatou, após a rejeição que sofrera na escola de música quando jovem, ela perdeu seu sentimento de autoestima de tal maneira que só conseguia imaginar-se batalhando para sobreviver como auxiliar de escritório. Antes, seu sonho era se tornar pianista, pois tinha um talento musical indiscutível. Quando ela me contou isso numa das primeiras sessões de nossa terapia, suas mãos começaram a tocar, como que por conta própria. Perguntei-lhe se sentia falta de tocar piano. Ela assentiu com a cabeça, comovida, e trouxe um sonho na próxima sessão: justamente como pirata, ela estava num navio pirata. E todos os corsários saqueavam na costa tudo de que precisavam para viver; no caso dela, também instrumentos musicais como violas e flautas. Ela ficou assustada ao relatar o sonho: ela, tão tímida, uma pirata? O significado do sonho, dizia seu inconsciente, era expressar que, a todo custo, ela queria e provavelmente deveria recuperar o que necessitava para viver. E para sua vida, ela precisava de música. Como resultado, ela realmente voltou a tocar piano e, após algum tempo, retornou à escola de música, dessa vez não para se tornar solista, pois sua habilidade realmente não era suficiente para isso, mas para trabalhar como pedagoga musical, professora de piano, e ela, de fato, se tornou uma excelente profissional nessa área.

"O mal no bem" – paradoxos em C.G. Jung

Voltando mais uma vez à por vezes paradoxal compreensão de bem e mal de C.G. Jung: sob o título "Bem e mal na psicologia analítica", encontrei, de fato, uma contribuição original de Jung à discussão (hoje disponível em sua Obra Completa) que ele apresentou no outono de 1958 numa conferência da *Gemeinschaft Arzt und Seelsorger* (OC 10/3, §§ 858-886), como resposta às perguntas dos participantes, em uma fala livre e descontraída:

> Enquanto terapeuta, não posso abordar, em casos concretos, o problema do bem e do mal de modo teológico ou filosófico, mas apenas de modo empírico. Sendo minha atitude empírica, isto não quer dizer que relativizo *em si* o bem e o mal. Sei muito bem: isto é mau, mas o paradoxo é que nesta pessoa, nesta situação concreta, neste determinado grau de seu amadurecimento isto pode ser bom. Por outro lado, também vale: o bom no momento errado e no lugar impróprio se torna o pior.

E Jung prossegue:

> Pode ser que algo seja realmente mau para ele, mas assim mesmo o faz, ficando então com a consciência pesada. Em sentido terapêutico, portanto, empírico,

> isto pode ser muito bom para aquela pessoa. Talvez *tenha que* experimentar e sofrer o mal em toda a sua força, pois só assim abrirá mão de seu farisaísmo com relação aos outros. Talvez o destino, o inconsciente ou Deus – deem o nome que quiserem – precisem dar-lhe uma lição e deixá-lo cair na lama, pois só uma experiência drástica vai "funcionar", vai tirá-lo um pouco de seu infantilismo e vai torná-lo um pouco mais maduro (OC 10/3, § 858a; § 862).

Jung resume:

> Mesmo o dito apócrifo: "Se sabes o que fazes, és abençoado; se não o sabes, és amaldiçoado" só contém meia chance. Quem sabe o que faz quando pratica o mal tem uma chance de ser abençoado, mas enquanto isso está no inferno. Pois o mal, quando praticado, mesmo que praticado com consciência, é mal e não escapa de seus efeitos correspondentes. Mas, se a pessoa não tivesse trilhado este caminho, não tivesse dado este passo, talvez tivesse ocorrido uma regressão psíquica, um retrocesso no desenvolvimento interior, uma covardia infantil. Quem pensa que, pelo emprego do dito apócrifo, pelo "agir com consciência", pode resguardar-se contra o pecado ou salvar-se, está enganado; ao contrário, afunda-se ainda mais no pecado. Isto é tão paradoxal que choca tremendamente o senso comum. A Igreja, porém, sabe disso quando (na noite da Páscoa) fala da "feliz culpa" dos primeiros pais [Adão e Eva, I. R.] (OC 10/3, § 867).

Jung vê, portanto, na antiga tradição visões paradoxais e, ao mesmo tempo, perspectivas libertadoras, de modo que uma culpa também pode ser uma *felix culpa*, uma culpa feliz, que possibilita uma compreensão ampliada. Ele vê também no tema bíblico da luta de Jacó com o anjo um desafio ao ser humano para enfrentar o que vem ao seu encontro, o que inclui também sua culpa em relação ao irmão Esaú: "É a situação em que se exige que reaja *como um todo*" (OC 10/3, § 867). A experiência de culpa pode nos desafiar a isto: a nos vivenciar como totalidade e nos apresentar como totalidade. Jung continua:

> A realidade do bem e do mal consiste em coisas, situações que acontecem, que ultrapassam nosso pensamento, em que a gente está, por assim dizer, diante da vida e da morte. O que me sobrevém nesta força e intensidade eu o experimento como algo numinoso [...] (OC 10/3, § 871).

É importante para Jung o reconhecimento de que, na experiência de nossa sombra, do mal que fizemos, encontramos ao mesmo tempo algo numinoso que nos desafia a reagir como um todo. Na nossa sombra podemos encontrar nossa totalidade. E assim a conclusão de Jung:

> Confrontar alguém com sua sombra significa também mostrar-lhe sua luz. Quando se experimenta algumas vezes o que significa estar na posição de julgador *entre* opostos, então a gente percebe com clara evidência o que se entende pelo próprio si-mesmo. Quem percebe ao mesmo tempo sua sombra e sua luz, este se enxerga dos dois lados e, assim, *fica no meio*[25] (OC 10/3, § 872).

---

25. Ênfase de C.G. Jung.

E chega ao final:

Por trás dos opostos e nos opostos encontra-se a realidade propriamente dita – o que vê e abarca o todo. O hindu chama isto de atmã [...] O que aqui chamamos de "si-mesmo" não está apenas em mim, mas em todos os seres, como o atmã e como o Dao. É a *totalidade psíquica*[26] (OC 10/3, § 873).

A ética da biofilia de Erich Fromm

Retornamos à vida como o valor supremo do homem atual. Em seu artigo sobre Summerhill, Erich Fromm diz:

> Quando falo do amor à vida, não me refiro primordialmente ao apego à vida, nem estou falando do impulso biologicamente fundamentado de se manter vivo. Falo de uma determinada qualidade específica, que temos em mente quando dizemos a respeito de alguém: "Ele realmente ama a vida" ou quando dizemos de alguém: "Ele é tão cheio de vida" (Fromm, 1989, p. 417).

E ele descreve concretamente o indivíduo biófilo: ele se sente atraído pela vida em si e pelo crescimento de todo tipo. Ele prefere construir a preservar o que já existe. Ele é capaz de se maravilhar. Ele ama a aventura da vida, pois incerteza e risco fazem parte da vida. Ele vê o todo, e não apenas suas partes. Ao dar novos estímulos, ele deseja criar, mas não influenciar por meio da força. Ele quer contemplar as coisas, não apenas desmontá-las para investigar o motivo (Fromm,

26. Ênfase de C.G. Jung.

1989, p. 417). Fromm tem uma aversão pela divisão técnica e cada vez mais unilateral do mundo em partes isoladas.

A biofilia tem sua própria ética, seus próprios princípios de bem e mal. Para ela, tudo o que exige crescimento e desenvolvimento é bom, e o que sufoca a vida, faz que ela congele e perca a força, o que mata, é mau.

Um dos principais testemunhos de sua ética é, para Fromm, o filósofo judeu Baruch Spinoza – na época um herege em sua comunidade judaica – e sua ética das emoções, que ele descreve detalhadamente com as emoções fundamentais da *laetitia* de um lado e da *maestitia* (tristeza), de outro. A alegria é, em e por si mesma, boa, enquanto a tristeza, a *tristesse*, não é boa (Spinoza, 1966, proposição 41).

É necessário, na vida, contrapor às emoções negativas outras emoções positivas igualmente fortes, algo que a neurociência afetiva contemporânea enfatiza com vigor e que, segundo a pesquisa atual sobre envelhecimento – por exemplo, no Estudo de Envelhecimento de Berlim (Mayer & Baltes, 1996) – parece ser mais exitoso entre pessoas mais velhas e experientes de vida do que entre as mais jovens.

Como Erich Fromm descreve o amor à vida?

> A biofilia é o amor apaixonado pela vida e tudo o que é vivo; é o desejo de promover o crescimento, seja de uma pessoa, uma planta, uma ideia ou um grupo social. O indivíduo biófilo prefere construir algo novo a preservar o velho. Ele quer *ser* mais, em vez de *ter* mais. Ele possui a capacidade de se maravi-

> lhar e prefere vivenciar algo novo a encontrar a confirmação do velho. Viver a aventura é mais importante para ele do que segurança. Ele pensa mais no todo do que apenas nas partes, mais em estruturas do que somas. Ele deseja moldar e exercer influência por meio do amor, da razão e do exemplo (Fromm, 1989a, p. 331).

Em outro trecho, ele descreve a alma humana e sua capacidade para o bem e para o mal da seguinte forma:

> A tendência de preservar a vida e lutar contra a morte é a forma mais elementar de orientação biófila e é própria de toda substância viva. Na medida em que se trata de uma tendência de *preservar* a vida e *combater* a morte, ela representa *apenas um* aspecto do instinto de vida. O outro aspecto é mais positivo: a substância viva tem a tendência à integração e à união; ela tende a se unir com entidades diferentes e opostas, e a crescer de acordo com uma estrutura. A unificação e o crescimento integrado são característicos de todos os processos de vida, e isso não se aplica apenas às células, mas também ao sentir e ao pensar (Fromm, 1989b, p. 185).

O ser humano biófilo deseja moldar e influenciar, com amor, razão e exemplo, e não com violência, e quer fazê-lo não separando as coisas e administrando as pessoas de forma burocrática, como se fossem objetos. Alegria é virtude na ética biófila, enquanto a tristeza persistente é quase um pecado. Assim, também corresponde à perspectiva da ética biófila quando a Bíblia, segundo Fromm, menciona como principal pecado dos hebreus: "Visto que não serviste ao SENHOR com alegria e de bom coração, devido à abundância de bens" (Dt 28,47). A gratidão é uma característica essencial da pessoa biófila. Gratidão em relação aos semelhantes, ao mais próximo e ao mais distante, gratidão ao poder de sua própria vida.

Para David Steindl-Rast (2016), o conhecido monge beneditino austríaco e jornalista de renome internacional, a gratidão é o verdadeiro princípio da vida humana. Seus amigos criaram uma rede mundial de gratidão, na qual não se trata apenas de uma atitude, não apenas de um valor, mas de atos de gratidão, por tudo o que existiu e existe em abundância para nós – é não é isso mesmo para nossas gerações mimadas por períodos de paz na Europa Central?

O biófilo só pode ser totalmente compreendido por meio da comparação com seu oposto, o necrófilo. Portanto, será brevemente explicado como Fromm o vê: a necrofilia é uma atração enigmática por tudo o que é morto, rígido, solidificado, pela destruição, decadência, doença, por tudo aquilo que, consequentemente, não é vivo, mas puramente mecânico. O indivíduo necrófilo busca segurança e odeia a incerteza. Ele odeia na vida o fato de que, por sua natureza, ela nunca é segura, nunca previsível e apenas raramente controlável. Para manter a vida sob controle, é necessário fragmentá-la, dividi-la em pedaços. O necrófilo gosta de falar sobre punição e controle. Ter uma boa memória é mais importante para ele do que entender algo. Ele deseja em toda parte interromper, parar, o que é espontaneamente orgânico. Sua atitude em relação à vida é controladora, mecânica, burocrática, como se todas as pessoas vivas não passassem de coisas. Para Erich Fromm, Hitler foi um exemplo clínico de necrofilia (Fromm, 1989a, p. 331s.).

A educação, segundo Fromm, deveria ter apenas *um* objetivo: a vida. Trata-se de se tornar uma pessoa viva, uma pessoa que está em harmonia com a vida, com as outras pessoas, com a natureza e com o ritmo que pulsa em toda a existência. Um exemplo de tal vitalidade poderia ter sido o casal cujo comportamento me intrigou durante minhas últimas férias na praia: um casal, homem e mulher, que eu via todos os dias no mar, em pé, movendo-se um ao redor do outro, mas sem nadar. Fiquei me perguntando o que eles estavam fazendo até notar: eles estavam dançando juntos, no mar – porque não podiam fazer isso em terra. A mulher tinha uma perna atrofiada. Mas no mar eles podiam dançar e se alegrar com isso: biofilia!

Como o amor pela vida está em harmonia com as necessidades elementares da pessoa saudável, então o homem biófilo – e isso é, segundo a concepção de Fromm, o novo em sua ética[27] – não é, como na antiga ética do bem e do mal, forçado por sua consciência a evitar o mal e a fazer o bem. O que torna a vida significativa para o ser humano não é mais o superego descrito por Freud, que pode ser um mestre severo e, em nome da virtude, frequentemente se vale do sadismo

27. Cf. Fromm, 1989a, p. 332ss.; a respeito de Hitler, cf. p. 355-395.

contra si mesmo. Também não é a instância da consciência da persona, que, com o mal, suprime ou reprime a vida potencial não vivida, o que acaba sempre desencadeando o mecanismo psicológico fatal da projeção desse mal reprimido nos outros. A consciência biófila é, antes, motivada pela vida como um valor holístico, aquém e além do bem e do mal, um valor que ao mesmo tempo atende à necessidade holística, ao anseio integral do ser humano. A consciência biófila não é moldada por um mestre rígido do superego ou por um ideal de persona, mas pela própria vida, e é motivada pela alegria de estar vivo. O objetivo de seus esforços éticos é fortalecer o lado do ser humano que está conectado à vida, que afirma a vida. Por isso, o indivíduo biófilo não permanece masoquistamente preso aos seus remorsos e sentimentos de culpa, pois, no fim das contas, eles são apenas aspectos de ódio por si próprio e de tristeza. Pelo contrário, ele se volta, o mais rápido possível, para a própria vida, buscando novamente conexão e perdão onde feriu, e está disposto a concedê-los onde ele próprio foi ferido. Assim, ele tenta continuar a se colocar à disposição da vida e do que é vivo.

No entanto, depois de Erich Fromm tentar apresentar uma imagem da orientação necrófila e biófila em sua forma pura, ele reconhece: "As pessoas, em sua maioria, são misturas individualmente características de orientações necrófilas e biófilas, e o que importa é qual das duas tendências domina" (Fromm, 1989b, p. 188). A pessoa puramente necrófila seria mentalmente doente; algumas pessoas que tendem para a necrofilia endurecem cada vez mais seu coração, acreditando que sua necrofilia cada vez mais endurecida é a única reação lógica ao que vivenciaram (Fromm, 1989b, p. 188). Conhecemos essa tendência para a amargura. O importante é se tornar consciente dessa tendência.

Erich Fromm desenvolve seus pensamentos até mostrar sua relevância social – o que, aliás, também é uma exigência de Erich Neumann para uma nova ética –, seus efeitos e impactos sobre pessoas menos conscientes dentro de nossa sociedade.

Essa conexão entre ética da individuação e ética global é o principal elemento a distinguir Erich Fromm, que também é sociólogo, entre os psicólogos profundos. Assim, ele diz resumidamente que o amor pela vida se desenvolverá da melhor forma numa sociedade em que as seguintes condições estejam dadas: "Segurança no sentido de que as bases materiais para uma existência digna não estão ameaçadas", ou seja, no sentido de que o excesso e a escassez, tanto no campo econômico quanto psicológico, não devem continuar em seu desequilíbrio atual. Enquanto a principal energia das pessoas precisar ser usada para se defender de ataques ou para não morrer de fome, o amor pela vida definhará. Numa sociedade, deve "existir *justiça* no sentido de que ninguém pode ser explorado como meio para um fim de outros, e *liberdade* no sentido de que todos têm a possibilidade de ser membros ativos e responsáveis da sociedade". E ele enfatiza:

> Mesmo numa sociedade em que a segurança e a justiça prevalecem, o amor pela vida não pode se desen-

> volver se não for incentivada nela a independência criativa do indivíduo. Não basta que as pessoas não sejam escravas; se as condições sociais levarem à existência de autômatos, o resultado não será o amor pelo que é vivo (Fromm, 1989b, p. 191).

É necessário despertar o criativo no ser humano, esse é o apelo apaixonado de Erich Fromm.

Dentre as condições específicas que são importantes para o desenvolvimento da biofilia, Fromm, que também tem grande interesse em questões pedagógicas e de psicologia do desenvolvimento, menciona aqui que devemos possibilitar ao jovem, durante a infância, um contato afetuoso e amoroso, que impere a liberdade, sem ameaças; que sejam transmitidos princípios que conduzam à harmonia e à força interiores, e isso menos por meio de discursos do que exemplos concretos de como se pode entrar num intercâmbio estimulante com os outros e chegar a uma configuração da vida marcada por interesses genuínos. Trata-se de introduzir o jovem na "arte de viver", e isso mais mediante exemplos do que por meio de repreensão (Fromm, 1989b, p. 190).

Voltemos à ideia do amor pela vida como o impulso e a necessidade mais profundos: a biofilia não é simplesmente a crença na bondade do ser humano, embora o seu potencial primário seja a participação criativa na vida, pois a destrutividade é um potencial secundário que também está ancorado na existência humana e tem o mesmo interesse e a mesma força que qualquer paixão pode oferecer. Mas ela é a alternativa à criatividade. Criatividade e destrutividade são dois impulsos independentes entre si; ambos são reações à mesma necessidade de cumprimento da vida. A autotranscendência, ou seja, a superação de si mesmo em seu mero existir, é uma necessidade fundamental de todo ser humano. Quando a vontade de criar junto, de moldar junto, de ser criativo, não pode ser satisfeita, por quaisquer motivos, surge a vontade de destruição. A diferença crucial na experiência da vontade de criatividade e da vontade de destruição é a seguinte: a satisfação da necessidade de criar, de formar, de ser criativo, traz primordialmente felicidade, possibilita uma vida plena, enquanto a destrutividade gera, sobretudo, vazio e sofrimento e, por isso, torna infelizes todas as pessoas afetadas, mas traz infelicidade especialmente para o próprio indivíduo destrutivo. Transcender significa, para Fromm, superar a si mesmo e o estado do existir apenas passivo, superar a condição de criatura, tornar-se criador de si mesmo, cocriador na preservação c formação da vida.

Agora, relembro, de maneira resumida, os princípios fundamentais de Erich Fromm:

> A ética biófila possui seu próprio princípio do bem e do mal. O bem é tudo o que serve à vida; o mal é tudo o que serve à destruição do vivo, o que serve à morte. O bem é a "reverência pela vida", tudo o que é favorável à vida, ao crescimento, ao desenvolvimento. O mal é tudo o que sufoca a vida, o que a restringe e a corta em pedaços (Fromm, 1989b, p. 186).

Num de seus últimos escritos, ele faz um apelo: não ser otimista ou pessimista, pois ambos deixam as coisas serem como são, mas adotar a posição dos radicais, no sentido de que "eles têm a crença racional na capacidade do ser humano de escapar da catástrofe final" (Fromm, 1989a, p. 398). Trata-se de uma radicalidade humanista. "Crer significa ousar, pensar o impensável e, ainda assim, agir dentro dos limites do realisticamente possível" (Fromm, 1989a, p. 398).

Fromm chega à conclusão: a situação da humanidade hoje é séria demais para nos permitirmos ouvir os demagogos – e muito menos aqueles demagogos que são atraídos pela destruição – ou aqueles líderes que usam apenas sua razão e têm o coração endurecido. O pensamento crítico e radical só será frutífero se estiver unido à mais preciosa das qualidades do ser humano – seu amor pela vida (Fromm, 1989a, p. 398).

Apelo por uma ética global

Concluo com um apelo por uma ética global que inclua uma ética da individuação descrita aqui.

Hans Küng, que morreu na primavera de 2021, com seu grande "Projeto de ethos mundial" (2010) e o Dalai Lama, num pequeno livro publicado em 2016, *Ética é mais importante do que religião*, defendem a ideia de que um *ethos* comum, em seus princípios fundamentais, é ainda mais urgente para a comunidade mundial dos seres humanos, do que uma religião comum, por amor à vida, sim, à sobrevivência. Nesse sentido, deve-se incentivar entre as pessoas de hoje uma busca de experiências e inspirações também em outras tradições espirituais e éticas além daquelas em que cresceram e foram educadas. Muitos ocidentais, educados na tradição cristã, já fazem isso hoje com relação à tradição budista, praticam meditação, atenção plena, não violência e despretensão. Mas também podemos ter a ousadia – aliás, com o apoio de nosso mestre alemão Goethe, no *Divã ocidento-oriental* (Goethe, 1961, p. 262) – de redescobrir a profundidade ética da mística islâmica e, frente a representantes legais e mesquinhos do Islã, invocar essa tradição. Da mesma forma, também se pode ousar redescobrir a profundidade ética da mística cristã, por exemplo, com Mestre Eckhart, que fez um apelo – e isso no século XII! – para uma "vida sem por quê" (1979, p. 180) além da vida, porque a vida já é o valor supremo, e o verdadeiro nome de Deus não é nada mais do que "a própria vida". A reverência pela vida e o amor à vida são o padrão ético que dá orientação ao ser humano.

A Declaração de Ética Mundial (cf. Küng, 2010a, 2012), por sua vez, foi elaborada pelo teólogo católico Hans Küng e desenvolvida num congresso com estudiosos de diversas religiões do mundo. Com a participação de 7500 pessoas das mais variadas religiões, tanto as grandes quanto as menores, o Parlamento das Religiões do Mundo em Chicago discutiu e aprovou a Declaração em 4 de setembro de 1993, manifestando-se assim a favor de uma ética mundial. Assim, pela primeira vez, representantes de todas as religiões do mundo concordaram com elementos centrais de um *ethos* comum, como o princípio da humanidade, a "Regra de Ouro", segundo a qual devemos tratar os outros da mesma forma que gostaríamos de ser tratados, e os "Quatro preceitos inamovíveis": não violência, justiça, veracidade e (para mim é surpreendente que se afirme ter encontrado isto em todas as religiões do mundo) igualdade de direitos e companheirismo entre homem e mulher.

Em suas pesquisas empíricas e fóruns de discussão ao redor do mundo, Küng constatou que todas as grandes religiões e as tradições filosófico-humanísticas já compartilham valores fundamentais e conceitos éticos. Portanto, para nossa sociedade global não é necessário desenvolver um cânone de valores comuns, pois ele já existe. Esse cânone é chamado de "ethos mundial". No entanto, esse cânone de valores precisa ser constantemente redescoberto, vivido e transmitido, o que a Fundação Ética Mundial vem impulsionando continuamente por meio de grupos de trabalho e ação, tanto no âmbito pedagógico quanto político, em todo o mundo. O apelo do Dalai Lama ao mundo aponta na mesma direção. Ele escreve: "Não tenho inimigos. Existem apenas pessoas que ainda não conheci. [...] Com os inimigos é com quem mais podemos aprender; de certa forma, eles são os melhores professores" (2016, p. 5). E ainda uma vez: "A ética é mais importante do que a religião. Não nascemos como membros de uma religião específica. Mas a ética nos é inata" (2016, p. 5). Em especial, a compaixão tem um significado fundamental, como o Dalai Lama enfatiza: "Se queremos ser felizes, devemos praticar a compaixão, e se queremos que os outros sejam felizes, também devemos praticar a compaixão. Todos preferimos ver rostos sorridentes a ver faces sombrias" (2016, p. 5), diz Dalai Lama, que raramente é visto com um semblante sombrio. Ele é considerado o mais amigável e bem-humorado entre todos os grandes líderes do mundo.

Por fim, gostaria de dar novamente a palavra a Erich Fromm e, com isso, à psicologia profunda:

> A situação da humanidade hoje é séria demais para nos permitirmos ouvir os demagogos – e muito menos aqueles demagogos que são atraídos pela destruição – ou aqueles líderes que usam apenas sua razão e têm o coração endurecido. O pensamento crítico e radical só será frutífero se estiver unido à mais preciosa das qualidades do ser humano – seu amor pela vida (Fromm, 1989a, p. 398).

7
Meu lugar no espaço da psicologia profunda

Acessos pessoais à psicologia analítica de C.G. Jung

Primeiras decisões cruciais na infância, juventude e estudo

Ao refletir sobre qual é meu lugar no espaço da psicologia profunda junguiana, eu me pergunto como os eventos da minha própria vida influenciaram minhas escolhas profissionais, como minha individualidade moldou minha postura psicoterapêutica e meu trabalho, e o que me levou a seguir meu caminho totalmente pessoal até esta profissão.

Bem, eu pertenço à geração que na infância viveu de perto a Segunda Guerra Mundial, em Schweinfurt, uma das cidades alemãs mais bombardeadas, uma cidade industrial, onde experienciei a destruição da nossa casa, em que eu havia morado com meus pais, minha avó e meus quatro irmãos até então. Isso, evidentemente, faz parte do que me moldou desde cedo: a experiência de que a vida inclui a possibilidade de perder tudo o que se tem, o que se acredita possuir. Mas, ao mesmo tempo, existe uma atitude de vida que é capaz de suportar isso, como minha mãe, que, diante da casa completamente destruída, disse: "Filhos, *desta* preocupação nós nos livramos" – pois sempre tínhamos temido por nossa casa a cada ataque aéreo. Minha mãe tinha uma liberdade interior que até hoje admiro.

Uma das minhas impressões inesquecíveis dessa época destrutiva foi a ajuda espontânea dos vizinhos, que, antes quase desconhecidos, agora estavam dispostos a apoiar uns aos outros, a resgatar uns aos outros dos escombros e a acolher uns aos outros pelos próximos dias e noites – ou seja, a necessidade também pode despertar a disposição para o encontro e o socorro mútuos.

Nossa família foi evacuada da cidade para o campo, e passamos a morar num abrigo de emergência perto de uma olaria abandonada, com uma argileira ao fundo, de onde os tijolos eram feitos. Mas que paraíso isso de repente se tornou para nós, crianças, na idade escolar ou até mais novas! Várias delas, provenientes de nossa cidade, se reuniam ali, após o que chamávamos de "bombardeio". Nós, crianças, após nossas experiências chocantes com a guerra e as consequências dessas traumatizações, começamos espontaneamente a brincar naquela vala de argila, a cavar e, finalmente, a construir e moldar coisas com a argila dali e com os tijolos espalhados em vários lugares: uma pequena cidade, habitada por pessoas que havíamos feito de argila ou até de papel. Depois inventávamos e contávamos histórias sobre essas pessoas, que estiveram na guerra, assim como nós antes, e as deixávamos viver o que nós mesmos havíamos vivido: a destruição também de sua cidade. Mas aquela era agora nossa cidade livre que nós mesmos havíamos construído.

Chamávamos isso de "o destino cego" e destruíamos nossa cidade, que havíamos construído com tanto amor. Nesse processo, algumas das pessoas morriam ou ficavam gravemente feridas, aquelas a quem, após a invasão do "destino cego", acolhíamos novamente com grande empatia, fazíamos curativos e reparos nelas, assim como também enterrávamos os mortos com tristeza e seriedade. E então reconstruíamos. O jogo criativo dessas crianças que se encontravam espontaneamente era de um grupo autônomo, sem qualquer liderança, sem qualquer influência externa. Esse grupo infantil, formado por crianças da guerra, repetiu esse jogo várias vezes, e acredito que isso nos ajudou como nenhuma outra coisa poderia a superar nossas agudas traumatizações. Digo isso como futura psicoterapeuta, que lidou com traumas de guerra daquela época e também de outras guerras posteriores, incluindo de outros países também, e sei o que significa traumatização – e também sei da importância do jogo criativo para superar isso.

Numa visão retrospectiva, o que me surpreende em relação ao nosso grupo é que nós mesmos destruíamos nossa cidade, cuidadosamente construída, repetidas vezes. Naquela época, não refletíamos a respeito. Hoje, ainda me pergunto sobre isso, mas eu diria: queríamos corresponder à realidade, queríamos fazer com que nossas figuras de jogo vivenciassem o que nós mesmos havíamos vivido e as coisas com que temos de contar neste mundo. Queríamos exercitar com elas um modo de sobreviver a tal destruição; um modo de ajudar uns aos outros quando algo ruim acontece, quando alguém é gravemente ferido ou perde tudo. Queríamos exercitar como se reconstrói.

O mais velho de nosso grupo, Willi, que tinha onze anos na época, passou a trabalhar na vida adulta com pesquisa sobre paz e conflitos, vindo a atuar, por último, num comitê central que trata sobre essa temática em nível federal. A segunda mais velha, Eva-Maria, se tornou médica, e eu, que era a terceira mais velha, acabei me tornando psicoterapeuta, embora o caminho até lá ainda tenha sido longo. Mas tudo o que aconteceu naquela época contribuiu para a escolha dessa profissão. Portanto, nós três, os mais velhos daquele grupo de crianças, nos reencontramos em profissões que promovem a paz, ajudam e curam. Não ficamos presos nos traumas agudos de guerra.

Após a guerra, havia em nossa família, apesar da dificuldade econômica da época, um forte e ubíquo sentimento de gratidão: pelo fato de que havíamos sobrevivido. Meu pai também havia retornado vivo, primeiramente da França e, mais tarde, até mesmo de missões na Rússia, após ter dito, ainda cedo naquele conflito, no qual teve de testemunhar muitas injustiças: “Se houver uma justiça, então devemos perder essa guerra". Quando criança, eu sabia que não podia jamais repetir essa frase durante o período do regime nazista de então.

A destruição na Alemanha não havia afetado apenas o mundo exterior, mas também, e profundamente, o interior, a orientação espiritual, a ética e a política. Com horror e profunda vergonha, ficamos sabendo, pelo menos eu, na escola, sobre os crimes da época nazista durante a guerra, mas também antes dela e em nosso próprio país, contra os que pensavam de forma diferente e, de maneira incomparavelmente cruel, contra os judeus. Ficamos sabendo da existência de campos de concentração, e isso nos deixou sem palavras. Contudo, nas classes mais avançadas de nossa escola, encontramos também um professor de religião que estivera próximo dos círculos críticos ao regime, e ele nos contou sobre os irmãos Scholl, Dietrich Bonhoeffer e outros, que haviam arriscado e perdido a vida na resistência ao regime nazista. Após a conclusão do ensino escolar, nada me impulsionou mais do que as questões sobre uma ética sólida. Onde, afinal, seria possível encontrar uma imagem do ser humano que pudesse resistir, desde a base e para sempre no futuro, a semelhantes aberrações como aquelas da ideologia nazista?

Movida por essas questões, deixei de lado minhas matérias favoritas da escola, literatura e arte, e escolhi como primeira disciplina – o que surpreendeu meus pais, bastante liberais – a teologia protestante. O que mais me interessava nela era a visão do ser humano, a questão do que significava ser verdadeiramente humano e qual poderia ser o sentido de nossa vida como seres humanos. Aqueles foram os anos em que o existencialismo, a filosofia existencial, estava em voga, e, consequentemente, também surgiu durante os anos do meu estudo uma teologia existencial, pelo menos uma teologia que buscava e possibilitava uma "interpretação existencial" – como se costumava chamar – dos textos e histórias bíblicas. A precondição para isso era o reconhecimento de que, tanto na linguagem tradicional da Bíblia quanto nas afirmações teológicas, tratava-se sempre de uma linguagem simbólica, uma linguagem mitológica, que, portanto, necessitava de "desmitologização" para se tornar visível em seu significado existencial também para os dias de hoje. Ou seja, essa linguagem figurativa precisava ser traduzida para uma linguagem existencial, para que fosse reconhecível em seu significado para as experiências humanas fundamentais – por exemplo, para a experiência fundamental de como se poderia a partir do medo existencial elementar dar o "salto para a fé", como disse Kierkegaard (1960, p. 174). Meu foco estava em recuperar uma confiança primordial – também como base para uma ética de humanidade, tal como buscava e que é fundamento da tradição cristã. Esta foi uma das experiências de profundidade durante meu estudo teológico, que mais tarde também permaneceu relevante em meu trabalho terapêutico: com as pessoas atormentadas por transtornos de ansiedade, ousar dar esse "salto para a fé", que eu mesma entendia como um salto para uma confiança primordial, a fim de experimentar nela uma força vital que sustenta. No entanto, para possibilitar esse "salto", é sempre necessário o encontro, tal como pode ser proporcionado numa relação terapêutica.

Outro acesso pessoal à tradição religiosa se abriu para mim com a imagem elaborada, dotada de sentido: sempre fui tocada pela arte, influenciada por ela, como pela arquitetura das igrejas, desde a românica até a moderna – a construção de igrejas experimentou, após as destruições da guerra, um notável crescimento, no qual meu pai, como arquiteto, também esteve envolvido –, mas também de modo especial por retábulos, pinturas murais e iluminuras, que novamente deixaram claro que, na transmissão da fé, a linguagem das imagens e dos símbolos desempenha um papel fundamental – até mesmo a imagem de Deus. E deixaram claro que as imagens e símbolos podem justamente transmitir de forma sensorial e corporal, ao mesmo tempo de forma alegórica, o que é a confiança fundamental: isto é, aquilo que pode dar novo espaço à esperança em qualquer situação da vida.

A fé e a esperança são transmitidas pela palavra figurada, metafórica, pela "imagem portadora de palavra", e não apenas primeiramente pelo Logos e pela lógica, e isso se tornou claro para mim ao final dos meus estudos de teologia. E assim, escrevi minha dissertação teológica sobre o tema "A imagem portadora de palavra. Estudos hermenêuticos sobre um tipo de arte cristã e sobre a prática da interpretação de imagens na comunidade atual" (Riedel, 1966).

Mas, para conquistar uma base profissional mais ampla, em vez de me limitar apenas ao trabalho intraeclesiástico, acrescentei uma segunda graduação em Ciências da Literatura, com ênfase em psicologia social, que forneceu tema para concluir meu período de estudos com uma nova dissertação.

Um período como diretora de estudos na Academia Evangélica de Hofgeismar

Foi um verdadeiro golpe de sorte que, após uma atividade inicial no trabalho eclesial com jovens e numa instituição de formação socioeducacional, eu tenha encontrado um cargo como professora na Escola Politécnica de Kassel e, a partir de lá, tenha entrado em contato com a Academia Evangélica de Hofgeismar, perto de Kassel, onde fui escolhida e nomeada diretora de estudos um ano depois, como a quarta pessoa e a única mulher entre três colegas. Uma academia evangélica é um centro aberto de educação e formação contínua, sob a direção da Igreja, mas receptiva à informação socialmente relevante, bem como a discussões críticas e, acima de tudo, interessada em participação em novos desenvolvimentos. Agora eu era responsável por uma temática abrangente na área sociocultural, ou seja, no âmbito de cultura e arte na cidade da exposição *documenta*, onde, por exemplo, era possível encontrar também um Beuys e seus questionamentos desafiadores. Mas, de igual modo, meu departamento também englobava psicologia e psicoterapia. Talvez isso fosse visto na academia como parte do processo sociocultural?

O que se desenvolveu nesse período, especialmente em Göttingen, cidade próxima, foi, por um lado, a terapia de grupo (Heigl/Heigl-Evers) e, por outro, a forma terapêutica baseada na imaginação chamada "experiência de imagens catatímica", de Hanscarl Leuner, que, na época, despertou grande interesse num amplo público universitário e estudantil, assim como entre médicos e educadores – especialmente porque ela se opunha ao uso disseminado de drogas psicodélicas como o haxixe e o LSD, tentando oferecer algo sério e igualmente profundo. O plano de fundo na Europa da época – assim como já acontecia na Califórnia – era o anseio por uma nova cultura espiritual, que incluía tanto a meditação quanto novas formas de experiência corporal e contemplação. Técnicas de respiração e relaxamento também faziam parte dessa nova espiritualidade, que absorvia muitas influências das tradições orientais – como o budismo. Eu convidei na época Enomiya Lassalle e Conde Dürckheim para esse campo de experiência em Hofgeismar, para que fornecessem orientações e uma introdução em métodos de meditação.

O espaço de vivência da imaginação e, muito aparentado com esse, o da formação criativa, do desenho e da pintura, começaram, naquela época – assim também nos grupos de Leuner – a se unir numa metodologia terapêutica que entrelaçava terapia de grupo com criação artística. Também pude convidar uma terapeuta conhecida de Israel, Erika Landau, para seminários e *workshops* em Hofgeismar, onde ela nos apresentou uma forma de terapia de grupo que estava intimamente ligada ao fazer formador e criativo dos participantes.

Ela também havia desenvolvido esse método com base em experiências traumáticas de sua juventude: nascida na Alemanha, ela viveu um período aterrador num campo de concentração, que conseguiu superar psicologicamente apenas por meio da ideia de criar algo com materiais dispersos, junto a outros jovens que sofreram o mesmo destino, como ela relatou.

A descoberta da psicologia profunda de C.G. Jung e minha aproximação dela ocorreram em conjunto com um novo interesse dos participantes por experiências fundamentais da psique humana, como as que se manifestam nos sonhos do indivíduo, mas também nos sonhos da grande comunidade humana, por exemplo, nas tradições coletivas como mitos e, sobretudo, contos de fadas, como também foram vividamente narrados nas florestas do norte de Hesse até ainda a época dos Irmãos Grimm, os quais puderam coletá-los – ou seja, na região de Kassel, onde a pesquisa sobre contos de fadas tem sido cultivada desde então e onde também se localizava nossa academia.

Após a pesquisa irônico-crítica sobre contos de fadas na Universidade de Frankfurt, como se expressou, por exemplo, no *Märchen-Verwirrbuch*, de Iring Fetscher (1972), eu me deparei então sobretudo com a abordagem completamente diferente da escola de psicologia profunda de C.G. Jung, que lá se estende até a prática psicoterapêutica, como por meio de uma atenção especial aos símbolos oníricos que parecem estar relacionados com símbolos de contos de fadas, ou também a trajetórias de vida inteiras que podem ser comparadas simbolicamente com ações de contos de fadas.

Com Marie-Louise von Franz, da primeira geração, e Verena Kast, da geração subsequente do Instituto C.G. Jung de Zurique, convidei representantes de destaque da escola junguiana para Hofgeismar, para que, por meio de palestras e seminários, apresentassem abordagens psicoterapêuticas dos contos de fadas, assim como das possibilidades comprovadas de incorporar os símbolos dos contos de fadas na prática psicoterapêutica. Esse método me interessava; parecia desvendar para mim a "experiência de vida da humanidade", que remonta a experiências antigas, ainda de culturas tribais, armazenadas no inconsciente das pessoas atuais, a partir do qual podem se manifestar: em fantasias, imaginações e sonhos, sempre quando se mostram necessários para a vida. São experiências primevas com necessidades primordiais em relação a uma vida exitosa – incorporadas em formas e ações simbólicas. Aqui, realmente, parecia se abrir para mim uma linguagem primordial da psique, que capturava problemas fundamentais da existência humana com o pai e a mãe, entre marido e mulher, entre o nascimento e a morte, ao mesmo tempo em que apontava caminhos para superá-los.

Conseguimos reunir em Hofgeismar representantes dessa fascinante interpretação junguiana dos contos de fadas com Iring Fetscher, o mencionado expoente da escola de pesquisa crítica dos contos de fadas de Frankfurt, o que resultou em diálogos desafiadores e cativantes.

Formação como analista junguiana

A psicologia profunda de C.G. Jung, como base de uma psicoterapia, começou a me atrair cada vez mais, e eu me envolvia cada vez mais em cursos de aperfeiçoamento, incluindo uma terapia de grupo para mim mesma.

Quando, após dez anos, cheguei ao fim do meu tempo previsto como diretora de estudos, após uma década de um trabalho frutífero com um grupo de participantes aberto e multifacetado, uma mudança fundamental me aguardava: após anos de trabalho com grupos medianos e até mesmo grupos grandes de pessoas, meu desejo de oferecer um acompanhamento mais profundo a indivíduos se tornou forte, já que eles também sempre haviam se aproximado de mim, com a necessidade de um acompanhamento mais intenso do que aquele que eu podia oferecer no quadro desse trabalho acadêmico.

Antes de tudo, havia também um anseio por um novo encontro comigo mesma. E, ainda assim, eu me apegava a esse trabalho educacional amplo e público, com grandes grupos de pessoas dos mais diversos tipos, e teria a chance de me candidatar a um cargo numa instituição educacional semelhante. No entanto, a importância do assim chamado inconsciente, que nos indica o caminho, ficou definitivamente clara para mim quando, nesse período, tive um sonho que me mostrou o que realmente estava por vir:

> Eu estava numa sala antiga, bonita, onde um jantar festivo já havia sido preparado e as velas já estavam acesas. De repente, fui atingida por fumaça: as velas já

> acesas sobre a mesa solene haviam incendiado a cortina. Quase automaticamente, eu quis correr para apagar o fogo, mas outro impulso mais forte de repente tomou conta de mim: eu deixei o fogo se alastrar. Saí da casa, fui calmamente para o ar livre e saí caminhando até a borda da cidade, sem olhar para trás. Lá, dei uma última olhada para trás e vi as chamas. Eu sabia que havia feito algo "infame", mas era o correto.

Fascinava-me encontrar em C.G. Jung acessos de compreensão para um sonho como esse. Meu acesso foi, portanto, decididamente clássico: o momento no meio da vida e o impulso dado pelas mensagens do inconsciente. Por meio de uma série de sonhos semelhantes, nos quais eu deixava para trás algo que me era precioso – com uma consciência questionadora, mas ainda assim resoluta –, fui então, por meio das mensagens do inconsciente, alertada para a necessidade interna de me reorientar, após minha longa atuação pública, meu trabalho educacional e minha atividade docente na Escola Politécnica de Kassel, depois de décadas de trabalho com tantas pessoas em grandes conferências. Tratava-se de uma reorientação para agora também perguntar novamente por meu próprio lugar, meu próprio desenvolvimento e, pouco depois, ser também tomada pela fascinante possibilidade de compartilhar esse trabalho de desenvolvimento criativo com outras pessoas, aprender a lhes oferecer um acompanhamento terapêutico. Foi assim que me inscrevi no Instituto C.G. Jung de Zurique, o que, ao mesmo tempo, originou uma análise didática.

O fato de minha inscrição para uma formação em psicologia analítica ter ocorrido no Instituto C.G. Jung de Zurique foi, naturalmente, porque eu havia convidado representantes de destaque desse instituto para a Academia, por exemplo, Marie-Louise von Franz, minha futura analista didática, com quem me encontrei em torno do tema "contos de fadas".

Minha primeira publicação no campo da psicologia junguiana foi, portanto, dedicada a esse tema *Das Böse im Märchen* (O mal nos contos de fadas) (Jacoby *et al.*, 1978), que eu escrevi e publiquei juntamente com Mario Jacoby, meu futuro supervisor mais importante, e Verena Kast, uma das minhas maiores incentivadoras para uma compreensão da psicoterapia em geral com base na psicologia profunda. Só então, quando me senti libertada da corresponsabilidade por uma academia de estudos, depois da formação como psicanalista psicoterapeuta junguiana independente – abri meu próprio consultório em Konstanz – é que surgiu também, internamente, o espaço para escrever, para publicar.

Minhas publicações na psicologia junguiana

A visão junguiana de que os contos de fadas representam simbolicamente situações arquetípicas da vida, e que eles também contrapõem às constelações de vida conflitantes possibilidades de soluções que surgem do inconsciente, que podem ser atualizadas em cada geração humana, foi algo que eu aprendera principalmente com Marie-Louise von Franz. Foi com ela que descobri também, no conto de fadas do Danúbio

Bei der schwarzen Frau (Franz, 1972) uma faceta profundamente sombria do feminino, que eu antes não havia percebido com tal intensidade e cujas possibilidades de redenção só deveriam ser e devem ser esperadas no quadro de amplas transformações histórico-culturais e histórico-religiosas. Desde então, não me cansei de investigar a história do feminino na história cultural e social até os dias atuais. Desse modo, mais tarde publiquei meu estudo *Tabu im Märchen* (Tabu no conto de fadas) (1985b) e *Die weise Frau in Märchen und Mythen* (A mulher sábia em contos de fadas e mitos) (2016).

Agora o tipo da "velha sábia" encontrado no conto de fadas se atualiza para mim, na minha própria idade: A "velha sábia" deve – no final do caminho esclarecedor, que ela percorre, por exemplo, no conto *A guardadora de gansos junto à fonte* (Riedel, 2016, p. 15ss.), com a princesa rejeitada – organizar a despedida dela. Essa despedida, a princípio, parece uma separação dolorosa, até que se torna perceptível que é sobretudo ela mesma, a sábia velha, quem se despede, de sua própria casa, para entregar à jovem libertada, que ela acompanhou quase terapeuticamente e levou ao destino, tudo aquilo de que se nutriu e viveu – como uma boa analista didata certamente também o entregaria à sua sucessora formada.

Uma perspectiva realmente nova se abriu para mim com a chave da psicologia profunda junguiana no que diz respeito à compreensão dos mitos, que comecei então a ler, muitos dos quais pela primeira vez, e a maioria deles com um fundo matriarcal. Sob a perspectiva junguiana, comecei a conceber seu significado arquetípico para cada geração humana e, especialmente agora, para nós, mulheres, pois esses mitos continham as tradições femininas reprimidas, que eu tentava redescobrir. Por exemplo, no mito de Inanna me comoveu o fato de ela, a radiante rainha e deusa, ser tomada no meio de sua vida pela saudade de sua irmã sombria, triste e associada à morte, Ereshkigal, e ter sacrificado tudo para poder se aproximar dela. Entendi como, ao fazer isso, ela encontrou um "sim" também para a morte. Esse mito e sua mensagem existencial me tocam especialmente agora, na minha própria fase da vida, em que mais uma vez, e de uma maneira nova, é necessário aceitar o lado sombrio da vida. O mito de Deméter também começou a me tocar mais profundamente, Deméter, Perséfone e Hades em sua interação fatídica, de modo que acabei escrevendo um estudo sobre esse mito, *Demeters Suche. Mütter und Töchter* (A busca de Deméter. Mães e filhas) (Riedel, 2003), no qual procurei desvelar o mito matriarcal para as pessoas de hoje e reencontrei, em variadas formas, sua problemática fundamental nas constelações de vida das minhas analisandas. A tradição matriarcal do Egito ou de Malta também se aproximou de mim nesse período, tanto que empreendi e acompanhei viagens de estudo para os locais correspondentes, onde esse mito havia sido cultualmente executado (Riedel, 2001).

Desde o início, também me fascinou o trabalho com os sonhos, que na psicologia junguiana também são especialmente entendidos como potenciais de uma vida ainda não vivida, apontando para o futuro, como mensagens finais que – respondendo a problemas conscientes – pretendem se comunicar com a consciência, por meio de uma linguagem simbólica. Pela análise didática com Marie-Louise von Franz, abriram-se para mim especialmente os aspectos arquetípicos do evento onírico, e, através de palestras e seminários, por exemplo, com Verena Kast, também pude perceber os episódios de complexos nele contidos e sua psicodinâmica. Além disso, um dos meus supervisores mais importantes, Mario Jacoby, me apresentou, sobretudo, o aspecto relacional, a transferência e a contratransferência, bem como a perspectiva freudiana, que leva em conta o reprimido – uma perspectiva que Jacoby nunca deixava de incluir.

Como os sonhos não apenas anunciam etapas individuais de desenvolvimento, mas também transições de vida inteiras, busquei mais tarde, após décadas de experiência no trabalho com meus próprios sonhos, investigá-los num estudo (Riedel, 2019b) que leva em conta as principais fases da vida, desde a infância até a idade adulta média e tardia. Evidentemente, contudo, nos sonhos não se refletem apenas os padrões arquetípicos das transições da vida, mas também as experiências de desenvolvimento e de vida do ser humano em geral, as quais também se manifestaram nos mitos e contos de fadas, cujos vestígios podem surpreendentemente aparecer nos sonhos das pessoas de hoje. Isso mostra que, por meio das imagens oníricas, o sonhador individual está, hoje, conectado com a história humana supraindividual. Assim, o sujeito, com sua experiência subjetiva, se vivencia como inserido numa camada de experiência suprapessoal da psique, cujo potencial e manifestação Jung chamou de inconsciente coletivo. Com a interpretação psicológica profunda desses símbolos da humanidade, que provêm do inconsciente coletivo e que anteriormente só eram acessíveis na forma fixa de mito e religião, Jung possibilitou uma enorme ampliação do nosso conhecimento sobre a psique e também, com isso, a fundamentação de uma teoria cultural psicológica.

Para mim – formada em teologia protestante e que sempre mantive um forte interesse pela tradição religiosa – tão significativo como o trabalho de psicologia profunda com sonhos e contos de fadas foi o fato de que, a partir da perspectiva de Jung, também se podia ver a função simbolizadora e transcendente da psique humana em atividade nas tradições do Antigo e do Novo Testamento, e assim entender e interpretar os textos bíblicos em correspondência com isso. Aqui, foi útil para mim que, na minha geração de estudos, exegetas como Rudolf Bultmann e Ernst Käsemann já tivessem apelado e encaminhado, com o programa hermenêutico de uma "interpretação existencial", para a assim chamada "desmitologização" dos textos do Novo Testamento, de cuja marca mitológica eles, portanto, partiram como se se tratasse de uma obviedade. O entendimento do mito, ou da mitologia, já nos havia sido transmitido como algo indispensável durante os estudos de teologia protestante. Também em Paul Tillich (1964), que sabia sobre Jung, encontrei – assim como mais tarde em Jung – a ideia de que todas as declarações doutrinárias teológicas deveriam ser entendidas como declarações simbólicas. Assim, adquiri a convicção e a correspondente liberdade interior de que os textos e narrativas bíblicas deveriam ser entendidos como declarações simbólicas, como experiência psíquica e, portanto, como uma verdadeira experiência, que não poderia ser expressa de outra forma senão em linguagem simbólica. Nesse ponto, não fazia sentido nem era necessário distanciar-se disso, o que eu teria tentado, na época, com um acesso puramente racional. O que se deveria fazer, ao contrário, era percebê-los como experiências da alma e permitir que fossem verdadeiras. Assim, tentei um novo acesso simbólico a fortes tradições bíblicas, como o relato da luta de Jacó com o anjo ou, sob uma perspectiva feminista, a história de cura da chamada "mulher com fluxo de sangue", que tocou a veste de Jesus sem permissão, de onde surgiu sua cura – um acontecimento que, como mostra o relato bíblico, fez que o próprio Jesus mudasse seu pensamento (Riedel, 2012).

Além da tradição bíblica, o que também me movia eram a história simbólica do próprio cristianismo, o modo como sua formação simbólica se havia desenvolvido. Quando, por exemplo, na igreja Fraumünster, em Zurique, pela qual eu sempre passava em meu caminho do Hauptbahnhof até o Instituto C.G. Jung, naquela época, na Gemeindestrasse, descobri o conjunto de vitrais coloridos de Marc Chagall, num dos quais ele havia representado o Cristo ressuscitado –

como ninguém antes dele – totalmente em verde, na cor do crescimento natural, da vida renovadora, da esperança de preservação da vida nesta Terra, essa representação me inspirou a refletir sobre uma nova concepção simbólico-cristã, que movia esse verde para o centro da simbologia, a refletir sobre uma nova concepção da preservação da criação. Inicialmente concebido pelo judeu do Leste Chagall, com ecos do "Cristo cósmico" venerado na Igreja Oriental, esse verde significa que Cristo ressuscitou na natureza viva. O tema "Cristo Verde de Marc Chagall" (Riedel, 1985a) como o início de uma nova teologia da criação se tornou o tema da minha dissertação final ao término da formação no Instituto C.G. Jung de Zurique.

O verde como cor da natureza e da criação me apareceu novamente como uma cor simbólica central na obra visionária de Hildegarda de Bingen, na qual ela até mesmo nomeia o verde como "cor sagrada" e a canta em forma de hino (Riedel, 1994). O que é especial em Hildegarda, além disso, é que ela ganha essa compreensão como uma experiência psíquica, em sua visão, em sua imaginação criativa – em imagens que, ainda durante sua vida, foram levadas do escritório provavelmente de seu próprio mosteiro para a elaboração artística nas suas principais obras, *Scivias* e *Liber divinorum operum*.

Em meu livro *Hildegard von Bingen – Prophetin der kosmischen Weisheit* (*Hildegard von Bingen – profetisa da sabedoria cósmica*) (Riedel, 2010), tento explorar a experiência psíquica criativa de Hildegarda sob pontos de vista da psicologia junguiana e torná-la compreensível a partir daí – como uma experiência da alma, uma sabedoria profética, também com vista à possível salvação de nossa Terra da destruição causada pelo homem. Também busco lançar nova luz sobre as experiências psíquicas das místicas sob a ótica junguiana (Young-Eisenrath & Muramoto, 2002), dedicando o capítulo final dessa publicação a Dorothee Sölle, cuja exposição eloquente de uma mística que tem uma conexão indissociável com a ética muito me influenciou, e que conseguiu criar símbolos imagéticos de grande expressividade, sobretudo em seus poemas.

Meu próprio interesse não se volta apenas para o poema como expressão simbólica e artística, mas também para a imagem elaborada. Meu livro *Engel der Wandlung* (*Anjo da transformação*) (2018) fala, por exemplo, sobre como a experiência com o anjo de Paul Klee me comoveu, como expressão simbólica de uma experiência psíquica com anjos, ou seja, como expressão do anjo nele, e isso diante da difamação de sua arte no Terceiro Reich como "degenerada" e, mais ainda, em face do sofrimento de uma doença incurável, a esclerodermia progressiva, da qual Klee acabou morrendo, no mesmo ano em que ele criou o maior número de imagens de anjos. E assim, sou também tocada pela forma de expressão de Klee, que muitas vezes parece imitar a elementaridade simbólica de pinturas rupestres ou até mesmo a espontaneidade de desenhos infantis, mas que, à luz da compreensão junguiana dos símbolos, revela ter conteúdo simbólico especialmente profundo.

Essas originárias forças de criação e formas de criação, presentes em todo ser humano, também são o solo para as abordagens de arteterapia da perspectiva da psicologia junguiana. Ela parte da premissa fundamental de que a função formadora de símbolos na psique pode iniciar assim que, na imaginação espontânea, uma ideia proveniente do inconsciente surge e é assimilada, a partir da qual se origina então uma imagem, criada conscientemente. No processo de criação, o consciente e o inconsciente se conectam, formando símbolos e criando significado. Quando essas imagens, agora intensamente observadas, são entendidas como simbolização de conteúdos psíquicos, elas também podem ser interpretadas e aplicadas à situação problemática pessoal do indivíduo – de forma análoga ao modo como lidamos com os sonhos. Assim, de imagem em imagem, o processo da criação curativa vai se tornando cada vez mais claro, numa terapia que se vale da imagem pintada e de seu conteúdo simbólico. O desenvolvimento e a metodologização de uma terapia da pintura como essa, que pode ser realizada tanto na terapia individual quanto naquela em grupo – na terapia de grupo, introduzem-se símbolos que inspiram e conectam a todos os participantes –, têm atraído grande parte do meu interesse criativo até hoje, pois sempre me fazem lembrar minhas experiências iniciais com a criação de cidades e o desenho de pessoas, como aquelas que vivi na infância, juntamente com outras crianças, naquela vala de argila, como um caminho criativo que ajudou a lidar com as árduas experiências da guerra.

Juntamente com a colega junguiana e analista didata Christa Henzler, registrei nossa experiência em *Maltherapie* (*Terapia da pintura*) (2016) e *Malen in der Gruppe* (*Pintura em Grupo*) (2008) – estudos fundamentais e orientações metodológicas para lidar com essa forma de terapia. Na terapia da pintura em grupo, com base junguiana, também há um modelo convincente de uma terapia grupal genuinamente junguiana, que eu desejaria ver explorada e praticada de forma ainda mais ampla no contexto junguiano[28].

Como pressuposto para a compreensão de imagens, os estudos aprofundados sobre a simbologia das cores e formas foram essenciais para mim, ou seja, sobre os elementos básicos de composição de qualquer imagem, necessários para entender sua figura e seu simbolismo durante a discussão e interpretação. No âmbito das minhas aulas e seminários nos Institutos C.G. Jung de Stuttgart e Zurique – e anteriormente na Politécnica de Kassel e na Universidade de Frankfurt – ampliei minha compreensão das cores, o que resultou numa publicação sobre o tema (Riedel, 2019a). A simbologia das formas básicas não me parece menos central do que a simbologia das cores; refiro-me às formas que compõem qualquer imagem – como o retângulo, o quadrado, o círculo, o triângulo, a espiral, mas também a cruz – o que inclui também a simbologia dos espaços da imagem e das direções do movi-

28. Nesse contexto, são pioneiros os trabalhos de Brigitte Dorst (2022, p. 70-85; 2015a, p. 336-361; 2015b, p. 113-130; incluindo a seção sobre trabalho espiritual com sonhos em grupos).

mento na imagem, que, experiencialmente, pode ser apreendida das imagens da arte, assim como das imagens geradas na terapia da pintura. Meus livros sobre *Formas* (2002) e sobre *Imagens* (2005) refletem minhas experiências e resultados. A frequentemente desvalorizada forma de terapia da pintura e da criação artísticas – com material fisicamente palpável e sensorialmente acessível – confere desde o início grande importância à autonomia do paciente, sendo, por isso, preferível a algumas formas de terapia em que a autonomia do paciente precisa ser reconquistada apenas após um doloroso processo de separação do terapeuta. Na arteterapia, o paciente, desde o início, não é apenas o sofredor, mas também o criador, e o encontro terapêutico se desenrola como um encontro de ambos com as imagens, em grande parte em pé de igualdade.

Jung mesmo recomenda a inclusão da pintura e da modelagem na terapia por experiência muito própria, pois essas práticas lhe deram, em suas próprias transições de vida marcadas por crises, estímulos decisivos para resolver problemas iminentes e, justamente, para a autodescoberta.

Como nada mais, o estímulo para pintar e modelar – especialmente com barro, madeira ou até mesmo com areia, como na terapia do jogo de areia de Dora Kalff – pode abrir a cada um a possibilidade de autoexpressão. Se isso for feito com envolvimento de todos os sentidos, com a habilidade e o tato das mãos, o olfato, os olhos com seu sensório para todas as vibrações energéticas próprias das cores e formas da tensão e do equilíbrio no espaço da imagem, então o ser humano se expressa por completo, se entrega, quando modela uma imagem ou uma figura e, finalmente, a compartilha com o terapeuta numa contemplação conjunta. Foi essa a tentativa de uma mulher em risco de suicídio, que começou a pintar imagens em casa e na floresta, onde ela pretendia tirar a própria vida, e, após algumas semanas, apenas ocasionalmente permitindo que sua terapeuta visse suas imagens, se reencontrou por meio da criação e da contemplação dessas imagens, e a partir de então retornou a uma vida criativa.

Naturalmente, esse método só é frutífero quando o terapeuta entende tanto de imagens que consegue perceber e comunicar o conteúdo expressivo das cores, formas e composições no espaço da imagem, como é natural na formação nos Institutos C.G. Jung, onde isso faz parte da matéria dos exames. Mas o método, de uma maneira muito especial, também é adequado para transmitir a situação psíquica e, acima de tudo, o potencial de desenvolvimento criativo inerente a todo ser humano e para realmente dividir o potencial criativo entre paciente e terapeuta.

Acima de tudo, ela atende de maneira única às especiais condições e exigências de uma relação terapêutica – como já discutida: a relação terapêutica no âmbito de uma terapia de pintura e modelagem no sentido junguiano é em grande parte um encontro de parceria, que ao mesmo tempo mantém a distância benéfica, a qual se constela naturalmente na terapia com meios criativos. Pois também aqui, como em qualquer relação terapêutica, é necessário estar atento para não tornar o paciente dependente do terapeuta, ou estar atento para ser capaz de reconduzir um crescente apego de volta à independência.

Essa forma de terapia com meios criativos tem a vantagem única de que, mesmo durante pausas prolongadas na sequência das sessões – devido a doença, distância geográfica ou também férias do paciente ou do terapeuta –, ela pode ser continuada de maneira independente pelo paciente em sua casa, uma vez que ela se baseia precisamente na elaboração autônoma da situação interna por parte do paciente. O pintar e modelar podem, em princípio, ser feitos em casa e no ambiente privado e podem, sobretudo, ter prosseguimento após o término de uma terapia pelo ex-paciente, que agora se tornou independente – um caminho para a introspecção e individuação, para o autodesenvolvimento e a autodescoberta ao longo da vida.

Durante as últimas décadas, eu girei em torno da simbologia da velhice e dos símbolos associados, como a "mulher sábia", a "velha sábia", e da questão da sabedoria em si, se a sabedoria da velhice é realmente possível ou se essa ideia seria, como diz Adolf Guggenbühl, um "mito particularmente danoso" (1986,p. 87ss.), porque induz à superestimação de si, chegando à inflação, da qual os velhos reis que não podem andar são um exemplo alarmante. Para isso, na nova edição do meu livro sobre a "mulher sábia", recorro até mesmo à pesquisa empírica do Instituto Max Planck de Berlim, cuja conclusão é a de que uma sabedoria da velhice baseada em ampla experiência de vida pode realmente existir, por exemplo, como uma habilidade especial para equilibrar opostos, e também para a moderação[29]. Portanto, existe sabedoria da velhice. Um resultado do meu enfrentamento pessoal com a velhice é o livro *Die innere Freiheit des Alterns* (*A liberdade interior do envelhecer*) (2021), que apresenta a psicodinâmica e a simbologia sob a perspectiva junguiana. Talvez o começo da sabedoria da velhice seja precisamente a aceitação das diversas limitações que a velhice, sem dúvida, acarreta.

A possível relevância social da psicologia junguiana tem me ocupado cada vez mais nas últimas décadas: sonhos de magnitude arquetípica sobre o problema ambiental, sobre a proteção climática, sobre a redução do pensamento de amigo-inimigo em relação aos refugiados e pessoas de outras culturas e religiões se multiplicam. Devemos percebê-los e levá-los adiante. O tema ambiental já está contido na redescoberta do verde como a cor preciosa da criação. Uma psicologia de consciência ambiental e sensibilidade cultural está se formando, e cabe a nós promovê-la.

Desde o surgimento de uma consciência ecológica, eu coleto sonhos arquetípicos, como o da "Anna selvagem" (Riedel, 2017, p. 77ss.) que se ergue contra a poluição e a contaminação dos mares e devasta a terra com *tsunamis* que provocam enormes inundações, até que as pessoas, que fogem em pânico, se reúnem novamente numa expressão de reverência:

---

29. Cf. o capítulo "Pesquisa psicológica sobre sabedoria" em Riedel (2016, p. 158ss.).

uma gigantesca procissão ao redor de uma grande taça de vinho no centro – um elemento da Última Ceia, também símbolo do Graal. Isso foi sonhado por uma moradora da costa, na época em que a grande morte das focas começou a se espalhar por toda a região do Mar Báltico. De fato, naquela época, formou-se uma corrente humana atravessando todos os países do Báltico, exigindo a proteção das focas e do próprio Mar Báltico. Esses sonhos não dizem respeito apenas ao indivíduo que os sonha, mas pertencem ao público.

Grandes sonhos desse tipo também abordam, nos últimos anos, o tema dos refugiados, o tema de que os refugiados também tocam e despertam o estrangeiro dentro de nós mesmos, o arquétipo do misterioso, do temido e ao mesmo tempo fascinante estrangeiro. Num desses sonhos, que mencionei acima, nativos e refugiados estão sentados juntos no mesmo campo e trocam sementes, gerando, com isso, a possibilidade de, no futuro, compartilharem o pão.

A meu ver, uma de nossas responsabilidades centrais como junguianas e junguianos é reavivar a consciência tanto dos pacientes quanto das pessoas em geral para esses aspectos culturais e políticos, apoiá-los a aprender a prestar atenção aos sinais do inconsciente também. Trata-se de estender as mensagens do inconsciente para o público também. Isso é o que tento fazer, por exemplo, em uma das minhas últimas publicações: *Die Welt im Spiegel der Seele* (O mundo no espelho da alma) (2017).

Terapia: encontro confiante e relação curativa

Quando olho para trás e me pergunto o que se tornou especialmente importante para mim até hoje nas décadas de meu trabalho profissional como psicanalista junguiana, como supervisora, como analista didata, chego à conclusão: sempre foi o encontro com pessoas que se confiavam a mim, muitas vezes em situações de vida muito difíceis, como numa doença que ameaça a vida, numa fase crítica de pensamentos suicidas, em que já era difícil o suficiente poder conduzir uma conversa com os envolvidos. O fato de tal encontro ser repetidamente possível entre nós, seres humanos – entre os que se confiam, entre os que oferecem confiança um ao outro – é isso que me parece ser o fator especial, também o que me faz sentir gratidão por esta profissão: ela é uma vocação para o encontro. O cerne da profissão terapêutica é a disposição e a capacidade de criar uma relação terapêutica sólida, a partir do encontro de confiança com uma pessoa em aflição psíquica, uma relação na qual essa pessoa possa, por fim, recuperar a confiança fundamental sobre a qual a vida humana se baseia.

Uma relação terapêutica merece esse nome apenas quando é uma verdadeira relação, com calor e abertura no contato, à qual, naturalmente, também pode ser trazida a reflexão do terapeuta sobre o processo terapêutico em andamento. No entanto, aqui também tudo depende de que seja mantida uma distância respeitosa entre terapeuta e cliente, de modo que haja espaço para a autonomia em desenvolvimento do cliente que busca a terapia, para que seja *sua* reorientação e autodescoberta, e não necessariamente a realização de concepções do terapeuta.

No seu aspecto de encontro e relação, essa profissão de terapeuta também é socialmente relevante. Em toda a busca pela autorrealização, que hoje está no centro do interesse, apesar de toda a questão sobre a individualidade, trata-se também – e hoje mais do que nunca – de nos reencontrarmos como pessoas associadas umas às outras, como acompanhantes umas das outras. No final, trata-se sempre da experiência de encontros e relações humanas respeitosas, baseadas na confiança numa vida significativa, que deve ser reconhecida e construída conjuntamente.

No final, o que me interessou nas décadas de meu trabalho terapêutico foi a conquista de uma imagem do ser humano que move para o centro da terapia o aspecto criativo, automodelador e autocurativo do homem: uma imagem do ser humano baseada na psicologia profunda de C.G. Jung e na descoberta do mundo interior associada a ela. Isso não exclui o diálogo com outras correntes da psicoterapia e da pesquisa psicológica, mas o inclui, como se observou em algumas questões importantes que tive a possibilidade de apresentar aqui.

Referências

Nota: as obras de C.G. Jung, com excessão de *Memórias, sonhos e reflexões* (da Nova Fronteira), foram citadas conforme as edições publicadas pela Vozes. Os *Livros Negros* e o *Livro Vermelho* têm paginações iguais em todo o mundo. Para a Obra Completa, as citações são indicadas pelas iniciais OC, seguidas do número do volume seguido da indicação do número do parágrafo citado. A edição tomada por base aqui é a de 2011.

Adam, K.-U. (2003). Empfinden. In A. Müller & L. Müller (Orgs.), *Wörterbuch der Analytischen Psychologie* (p. 101). Walter.

Alcaro, A., Carta, S., & Panksepp, J. (2017, 9 de janeiro). The affective core of the Self: A neuro-archetypal perspective on the foundation of human (and animal) subjectivity. *Frontiers in Psychology 1*. https://doi.org/10.3389/fpsyg.2017.01424

Althaus, N. (2016). Ich fühle, also bin ich. Wie sich die menschlichen Sinne entwickeln. In R. Donzé & F. Pfister (Orgs.), *Die Kraft der Sinne. Wie wir sehen, hören, tasten, riechen, schmecken* (pp. 11-26). Verlag Neue Zürcher Zeitung.

Arendt, H. (1991). *Israel, Palästina und der Antisemitismus.* Wagenbach.

Arzt, T. (Org.). (2015). *Das Rote Buch. C.G. Jungs Reise zum "anderen Pol der Welt"*. Königshausen & Neumann.

Bachmann, I. (1974). An die Sonne. In I. Bachmann, *Gedichte, Erzählungen, Hörspiel, Essays* (p. 51). Piper.

Bauer, J. (2008). *Das kooperative Gen. Abschied vom Darwinismus.* Hoffmann & Campe.

Berbner, B. (2017, 24 de agosto). Wir Terrorhelfer. *Die Zeit.*

Bishop, P. (1995). *The Dionysian Self: C.G. Jung's Reception of Friedrich Nietzsche.* de Gruyter.

Bloch, W. (2020). *Geheimnisse von Raum und Zeit. Synchronizität und Nichtlokalität.* Crotona.

Bolen, J.S. (1989). *Tao der Psychologie. Sinnvolle Zufälle.* Sphinx.

Brück, M. von. (2020). *Weltinnenraum. Rainer Maria Rilkes Duineser Elegien in Resonanz mit dem Buddha.* Karl Alber.

Cierpka, M. (2014). *Frühe Kindheit 0-3 Jahre. Beratung und Psychotherapie für Eltern mit Säuglingen und Kleinkindern* (2.ed.). Springer.

Dalai Lama XIV. (2016). *Der Appell des Dalai Lama an die Welt: Ethik ist wichtiger als Religion* (Franz Alt, Org.; 16.ed.). Benevento.

Damasio, A.R. (2011). *Selbst ist der Mensch. Körper, Geist und die Entstehung des menschlichen Bewusstseins.* Siedler.

de Waal, F. (2011). *Das Prinzip Empathie. Was wir von der Natur für eine bessere Gesellschaft lernen können.* Hanser.

Donzé, R., & Pfister, F. (2016). Alles nur geträumt? Interview mit der Psychologin Verena Kast. In R. Donzé & F. Pfister (Orgs.), *Die Kraft der Sinne. Wie wir sehen, hören, tasten, riechen, schmecken* (pp. 159-170). Verlag Neue Zürcher Zeitung.

Dorst, B., & Vogel, R.T. (Orgs.). (2014). *Aktive Imagination. Schöpferisch leben aus inneren Bildern.* Kohlhammer.

Dorst, B. (2015a). Der Archetyp der Gruppe. Gruppen als Erfahrungsräume der Individuation und Ko-Individuation. *Analytische Psychologie, 181*(3), 336-361.

Dorst, B. (2015b). Lauschen mit dem dritten Ohr. Träume als spirituelle Wegweiser. In V. Kast (Org.), *Aus reichen Quellen schöpfen. Inspirationen aus Ingrid Riedels Lebenswerk* (pp. 113-130). Patmos.

Dorst, B. (2022). Symbole und Symbolarbeit in Gruppen. In B. Dorst, *Therapeutisches Arbeiten mit Symbolen. Wege in die innere Bilderwelt* (3.ed., pp. 70-85). Kohlhammer.

Drees, A. (1996). *Folter, Opfer, Täter, Therapeuten. Neue Konzepte in der psychotherapeutischen Behandlung von Gewaltopfern.* Psychosozial-Verlag.

Feldenkrais, M. (2013). *Verkörperte Weisheit. Gesammelte Schriften.* Huber.

Feldenkrais, M. (2020). *Bewußtheit durch Bewegung. Der aufrechte Gang* (20.ed.). Suhrkamp.

Ferguson, V.S. (1997). *Inannas Rückkehr. Die Götter der Plejaden in neuem Licht.* Neue Erde.

Fetscher, I. (1972). *Wer hat Dornröschen wachgeküsst? Das Märchen-Verwirrbuch.* Claasen.

Fiske, A.P. (2019). *Kama Muta. Discovering the Connecting Emotion.* Routledge.

Fiske, A.P., Seibt, B., & Schubert, T. (2019). The sudden devotion emotion: Kama Muta and the cultural practices to evoke it. *Emotion Review, 11*(1), 74-86.

Fox, K. C.R., & Koroma, M. (2018). Wandering along the spectrum of spontaneous thinking. Dreaming, meditation, mind-wandering, and well-being. An interview with Kieran Fox. *ALIUS Bulletin, 2*, 1-15.

Fox, K. C.R., Andrews-Hanna, J. R., Mills, C. et al. (2018). Affective neuroscience of self-generated thought. *Annals of the New York Academy of Sciences*, May, 1-27.

Frankl, V.E. (2017). *Wer ein Warum zu leben hat. Lebenssinn und Resilienz.* Beltz.

Frankl, V.E. (2019). *Über den Sinn des Lebens* (J. Bauer, Pref.). Beltz.

Franz, M.-L. v. (1958). *Die aktive Imagination bei C.G. Jung* (1957). In W. Bitter (Org.), *Meditation in Religion und Psychotherapie. Ein Tagungsbericht* (pp. 158-174). Klett.

Franz, M.-L. von. (1972). Bei der schwarzen Frau (1955). *In*: W. Laiblin (Org.), *Märchenforschung und Tiefenpsychologie* (pp. 228-345). Wissenschaftliche Buchgesellschaft Darmstadt (WBG).

Fromm, E. (1989a). *Anatomie der menschlichen Destruktivität.* In R. Funk (Org.), *Erich-Fromm-Gesamtausgabe* (Vol. 7: *Agressionstheorie*). dtv.

Fromm, E. (1989b). *Die Seele des Menschen. Ihre Fähigkeit zum Guten und zum Bösen.* In R. Funk (Org.), *Erich-Fromm-Gesamtausgabe* (Vol. 2: *Analytische Charakterkunde*). dtv.

Fromm, E. (1989c). *Wege aus einer kranken Gesellschaft. Eine sozialpsychologische Untersuchung.* In R. Funk (Org.), *Erich-Fromm-Gesamtausgabe* (Vol. 4: *Gesellschaftstheorie*). dtv.

Gehring, P. (2008). *Traum und Wirklichkeit. Zur Geschichte einer Unterscheidung.* Campus.

Görnitz, T., & Görnitz, B. (2007). *Der kreative Kosmos. Geist und Materie aus Quanteninformation.* Elsevier / Spektrum Akademischer Verlag.

Goethe, J.W. v. (1961). *Der west-östliche Diwan* (H. F.von Maltzahn, Posf.). dtv-Gesamtausgabe, Vol. 5. dtv.

Grunwald, M. (2017). *Homo hapticus. Warum wir ohne Tastsinn nicht leben können.* Droemer.

Guggenbühl-Craig, A. (1986). *Die närrischen Alten. Betrachtungen über moderne Mythen.* Schweizer Spiegel-Verlag.

Hinshaw, R., & Fischli, L. (Orgs.). (1986). *C.G. Jung im Gespräch. Interviews, Reden, Begegnungen.* Daimon.

Hüther, G. (2014). *Die Macht der inneren Bilder. Wie Visionen das Gehirn, den Menschen und die Welt verändern* (8.ed.). Vandenhoeck & Ruprecht.

Imhasly, P., & Bräm, M. (2016). *Unsere fünf Sinne. Wie sie funktionieren.* In R. Donzé & F. Pfister (Orgs.), *Die Kraft der Sinne. Wie wir sehen, hören, tasten, riechen, schmecken* (pp. 69-76). Verlag Neue Zürcher Zeitung.

Jacoby, M., Kast, V., & Riedel, I. (1978). *Das Böse im Märchen.* Bonz.

Jung, C.G. (1986). *Memórias, sonhos, reflexões.* Nova Fronteira.

Kast, V. (1980). *Das Assoziationsexperiment in der therapeutischen Praxis.* Bonz.

Kast, V. (1989). Komplextheorie gestern und heute. *Analytische Psychologie, 29,* 296-316. https://doi.org/10.1159/000013674

Kast, V. (1996). *Über sich hinauswachsen. Neid und Eifersucht als Chancen für die persönliche Entwicklung.* Patmos. (3.ed. atual., 2021, pp. 152-169).

Kast, V. (2010). *Sonhos: A linguagem enigmática do inconsciente.* Vozes.

Kast, V. (2013a). *A dinâmica dos símbolos: Fundamentos da psicoterapia junguiana.* Vozes.

Kast, V. (2013b). *Freude, Inspiration, Hoffnung* (Nova ed.). Patmos.

Kast, V. (2016). *Imagination. Zugänge zu inneren Ressourcen finden* (2.ed., rev. e ampl.). Patmos.

Kast, V. (2017). *Wider Angst und Hass. Das Fremde als Herausforderung zur Entwicklung.* Patmos.

Kast, V. (2019a). *Jung e a psicologia profunda: Um guia de orientação prática.* Cultrix.

Kast, V. (2019b). Komplexe und ihre Kompensation. Anregungen aus der affektiven Neurowissenschaft. *Analytische Psychologie, 191*(1), 14-33. https://doi.org/10.24894/Ap.1911

Kast, V. (2019c). *Nostalgie und Aufbruch. Von der Lust, die Welt zu gestalten.* Herder.

Kast, V. (2019d). *Träumend imaginieren. Einblicke in die Traumwerkstatt.* Vandenhoeck & Ruprecht.

Kast, V. (2020). *Trauern. Phasen und Chancen des psychischen Prozesses* (5.ed., nova ed. ampl.). Kreuz.

Kast, V. (2021a). *Über sich hinauswachsen. Neid und Eifersucht als Chancen für die persönliche Entwicklung* (3.ed. atual., pp. 152-169). Patmos.

Kast, V. (2021b). *Zugang zur Lebendigkeit. Interesse und Langeweile als schöpferische Kräfte* (Nova ed.). Patmos.

Kast, V. (2022). *A sombra em nós: A força vital subversiva.* Vozes.

Kast, V. (2023). *O sentido do medo: Como medos se instalam e como eles podem ser transformados.* Vozes.

Kast, V. (2024a). *O significado dos conflitos: Complexos e temas de vida como oportunidades de crescimento.* Vozes.

Kast, V. (2024b). *Tornar-se um consigo mesmo: Identidade e autoestima em um mundo complexo.* Vozes.

Keltner, D., & Haidt, J. (2003). Approaching awe, a moral, spiritual, and aesthetic emotion. *Cognition and Emotion, 17*(2), 297-314. https://doi.org/10.1080/02699930302297

Kierkegaard, S. (1960). *Der Begriff Angst* (L. Reuter, Org.). Rowohlt. (Obra original publicada em 1844).

Klein, A. (2021). Der Tod Gottes und das Rote Buch Carl Gustav Jungs. *Analytische Psychologie, 195*(1), 50-59. https://doi.org/10.24894/Ap.1951

Kohut, H. (1973). *Narzissmus. Eine Theorie der psychoanalytischen Behandlung narzisstischer Persönlichkeitsstörungen.* Suhrkamp.

Kohut, H. (1977). *Introspektion, Empathie und Psychoanalyse. Aufsätze zur psychoanalytischen Theorie, zu Pädagogik und Forschung und zur Psychologie der Kunst.* Suhrkamp.

Küng, H. (2012). *Handbuch Weltethos. Eine Vision und ihre Umsetzung.* Piper.

Küng, H. (2010a). *Manifest globales Wirtschaftsethos*. dtv.

Küng, H. (2010b). *Projekt Weltethos* (10.ed.). Piper.

Lemma, A. (2018). *Der Körper spricht immer. Körperlichkeit in analytischen Therapien und jenseits der Couch*. Brandes & Apsel.

Levine, P.A. (2011). *Sprache ohne Worte. Wie unser Körper Trauma verarbeitet und uns in die innere Balance zurückführt*. Kösel.

Mayer, K.U., & Baltes, P.B. (Orgs.). (1996). *Die Berliner Altersstudie. Ein Projekt der Berlin-Brandenburgischen Akademie der Wissenschaften*. Akademie Verlag.

Lindenberger, U., Smith, J., Mayer, K.U., & Baltes, P.B. (2010). *Die Berliner Altersstudie* (3a. ed. ampl.). Akademie Verlag.

Meier, C.A. (Org.). (1992). *Wolfgang Pauli und C.G. Jung. Ein Briefwechsel. 1932-1958*. Springer.

Mestre Eckhart. (1979). *Deutsche Predigten und Traktate* (J. Quint, Org. & Trad.). (5.ed.). Hanser.

Mestre Eckhart. (1991). *Mystische Schriften* (G. Landauer, Trad. & Org.). Insel.

Mistral, G. (1991). *Wenn du mich anblickst, werd' ich schön. Gedichte* (W. Eitel, Org.; J. Orgwards, Intro.; A. Theile, Trad.). Piper.

Neumann, E. (2007). Die Psyche und die Wandlung der Wirklichkeitsebenen – ein meta-psychologischer Versuch. In E. Neumann, *Die Psyche als Ort der Gestaltung. Eranos-Vorträge Band II* (R. Bühlmann, Org., pp. 52-92). Johanna Nordländer.

Neumann, E. (1984). *Tiefenpsychologie und neue Ethik* (1949). S. Fischer.

Nietzsche, F. (2021). *Assim falou Zaratustra: Um livro para todos e para ninguém*. Companhia das Letras.

Niles, B. (1987). Die Seelendeutung Meister Eckharts im Vergleich zu der C.G. Jungs. In *Wie sieht die Seele aus? Über Selbsterkenntnis und Gotteserkenntnis* (pp. 27-43). Ev. Akademie Baden.

Osten, M. (s.d.). *2 x 3 macht 4 – Warum wir eine neue Fehlerkultur brauchen.* (Manuscrito de um programa na SWR2 AULA de 3 de setembro de 2006).

Otto, R. (2014). *Das Heilige: Über das Irrationale in der Idee des Göttlichen und sein Verhältnis zum Rationalen* (Nova ed., H. Joas, Posf.). C. H. Beck.

Panksepp, J., & Biven, L. (2012). *The archaeology of mind: Neuroevolutionary origins of human emotions.* Norton.

Parkes, G. (1999). Nietzsche and Jung: Ambivalent appreciation. In J. Golomb, W. Santaniello, & R. L. Lehrer (Orgs.), *Nietzsche and Depth Psychology* (pp. 205-228). State University of New York Press.

Peat, F.D. (1989). *Synchronizität. Die verborgene Ordnung.* Scherz.

Proust, M. (2021). *Em busca do tempo perdido.* Nova Fronteira.

Rafalski, M. (2019). Das unerbittliche Rad der vier Funktionen. *Analytische Psychologie, 191*(1), 138-157.

Richter, H.-E. (2012). *Der Gotteskomplex. Die Geburt und die Krise des Glaubens an die Allmacht des Menschen* (2.ed.). Psychosozial-Verlag.

Riedel, I. (1966). *Das worthaltige Bild. Hermeneutische Studien zu einem Typus der christlichen Kunst und zur Praxis der Bildinterpretation in der heutigen Gemeinde* [Dissertação de doutorado, Universität Erlangen-Nürnberg].

Riedel, I. (1985a). *Marc Chagalls Grüner Christus.* Walter.

Riedel, I. (1985b). *Tabu im Märchen. Die Rache der eingesperrten Natur.* Walter.

Riedel, I. (1994). *Hildegard von Bingen. Prophetin der kosmischen Weisheit.* Kreuz.

Riedel, I. (2001). *Beseelte Orte. Plätze der Natur – Stätten der Kultur – Räume der Spiritualität.* Kreuz.

Riedel, I. (2002). *Formen. Tiefenpsychologische Deutung von Kreis, Kreuz, Dreieck, Quadrat, Spirale und Mandala* (Ed. rev. e ampl.). Kreuz.

Riedel, I. (2003). *Wenn Mütter und Töchter einander suchen. Demeters Trauer und Persephones Wiederkehr* (Ed. rev. e ampl.). Kreuz.

Riedel, I. (2005). *Bilder. In Psychotherapie, Kunst und Religion. Ein Schlüssel zur Interpretation* (Ed. rev.). Kreuz.

Riedel, I., & Henzler, C. (2008). *Malen in der Gruppe. Modelle für die therapeutische Arbeit mit Symbolen*. Kreuz.

Riedel, I. (2010). *Mystik des Herzens. Meisterinnen innerer Freiheit*. Kreuz.

Riedel, I. (2012). *Spiritualität aus der Bibel* (Nova ed.). Herder.

Riedel, I. (2016). *Die weise Frau. Der Archetyp der alten Weisen in Märchen, Traum und Religionsgeschichte*. Patmos.

Riedel, I., & Henzler, C. (2016). *Maltherapie. Auf Basis der Analytischen Psychologie C.G. Jungs* (Nova ed. ampl.). Patmos.

Riedel, I. (2017). *Die Welt im Spiegel der Seele. Gelebte Spiritualität* (Nova ed.). Patmos.

Riedel, I. (2018). *Engel der Wandlung. Die Engelbilder von Paul Klee* (Nova ed.). Patmos.

Riedel, I. (2019a). *Die Symbolik der Farben. Eine tiefenpsychologische Farbenlehre* (Nova ed.). Patmos.

Riedel, I. (2019b). *Träume – Wegweiser in neue Lebensphasen* (Nova ed.). Patmos.

Riedel, I. (2021). *Die innere Freiheit des Alterns* (6a. ed.). Patmos.

Rilke, R.M. (1966). Es winkt zu Fühlung fast aus allen Dingen. In R. M. Rilke, *Werke. Bd. II: Gedichte 1906-1926*. Insel.

Saur, R.M. (1977). *Glühen ist mehr als wissen. Bernhard von Clairvaux*. Wissenschaftliche Buchgesellschaft.

Schätzing, F. (2004). *Der Schwarm*. Kiepenheuer und Witsch.

Schweitzer, A. (2013). *Die Ehrfurcht vor dem Leben. Grundtexte aus fünf Jahrhunderten* (10.ed.). C. H. Beck.

Seifert, T., & Seifert, A.L. (2011). *So ein Zufall! Synchronizität und der Sinn von Zufällen*. opus magnum. https://opus-magnum.com/download/1813 [Acesso em 21 de dezembro de 2021].

Shamdasani, S. (2015). Liber Novus: O "Livro Vermelho" de C.G. Jung. In C.G. Jung, *O Livro Vermelho - Liber Novus* (4. ed., pp. 1-87). Vozes.

Spinoza, B. de. (1966). *Die Ethik. Schriften und Briefe* (Vol. IV). (F. Bülow, Org.). Krömer.

Steindl-Rast, D. (2016). *Einfach leben – dankbar leben*. Herder.

Tillich, P. (1964). *Der Mut zum Sein* (5. ed.). Steingrüben.

Vogel, R.T. (2019). Rezension zu Kast: Immer wieder mit sich selber Einswerden. Identität und Selbstwert in einer komplexen Welt. *Analytische Psychologie, 191*(1), 221 s.

Vollmer, M. (1995). *Sensualismus*. In J. Ritter, K. Gründer, & G. Gabriel (Ors.), *Historisches Wörterbuch der Philosophie* (versão online). Schwabe. https://doi.org/10.24894/HWPh.3866

Weiher, A. (Org.). (1986). *Homerische Hymnen. Griechisch und deutsch* (5.ed.). Artemis.

Young-Eisendraht, P., & Muramoto, S. (2002). *Awaking and Insight. Zen Buddhismus and Psychotherapy*. Routledge.

Zickfeld, J.H., Schubert, T.W., Seibt, B., & Blomster Lyshol, J.K. (2019). Kama muta. Conceptualizing and measuring the experience of being moved across 19 nations and 15 languages. *Emotion, 19*(3), 402-424.

Índice das fontes

Cap. 2 Dos sentidos ao sentido

Esse capítulo contém passagens revisadas de:

Riedel, I. (2007). Das Leben schmecken. In C. Neuen, I. Riedel & H.-G. Wiedemann (Orgs.), *Sinne, Sinnlichkeit, Sinn: Zur therapeutischen Relevanz der Sinne* (pp. 10-12). Patmos.

Cap. 5 A imagem de Deus como experiência interior

Esse capítulo contém passagens revisadas de:

Riedel, I. (2012). Wandlungen des Gottesbildes im Roten Buch von C.G. Jung. *Analytische Psychologie, 169*(3), 305-324.

Cap. 6 Psicologia profunda e nova ética

Esse capítulo contém passagens revisadas de:

Riedel, I. (2018). Der Mensch zwischen Gut und Böse. Vom Umgang mit Urfragen. In B. Dorst, C. Neuen & W. Teichert (Orgs.), *Zwischen Böse und Gut: Vom Umgang mit Urkräften* (pp. 9-37). Patmos.

Cap. 7: Meu lugar no espaço da psicologia profunda

Esse capítulo contém passagens revisadas de:

Riedel, I. (2019). Mein Ort im Raum der Jung'schen Psychologie. *Analytische Psychologie, 192*(2), 421-432. Também de: Riedel, I. (2022). Therapie des Gestaltens – ein Arbeits-Lebensrückblick. In S.K.D. Sulz (Org.), *Psychotherapeutische Persönlichkeiten*. In *Psychotherapie, 27*(1).

EDITORA VOZES LTDA.
Rua Frei Luís, 100 – Centro – Cep 25689-900 – Petrópolis, RJ
Tel.: (24) 2233-9000 – E-mail: vendas@vozes.com.br